成功する「セラピスト」ビジネスの教科書

鈴木幸代 著

セルバ出版

はじめに

今回、新型コロナウィルス感染拡大に伴い、世界が未曽有《みぞう》の事態に陥り、経済は大きな打撃を受けました。セラピストにとっても、お客さまと直接会うことができず苦しい時期にあると思います。一度、収束に向かっているように見えても、先のことは誰にもわかりません。近い将来、どんなことが起こっても、立ち向かえる経営者としての資質を磨くことが、事業を安定させるためにも必要です。

そして、今だからこそ自分の事業基盤を見直し、安定的に収益を得られる事業をつくることが、事業を継続する上でとても重要な局面に来ています。

セラピストの存在

あなたは、セラピストとして稼ぐことに躊躇《ちゅうちょ》していませんか?

誰かのために役に立ちたい！　その想いだけで起業していませんか?

実際にセラピーと言われる職業が日本にどれだけあるかご存じでしょうか?

あなたと同じ資格を持っている取得者は一体どれくらい日本にいると思いますか?

日本のセラピスト人口を、厚労省・経産省調査の事業者の推移で見ると、エステ・はり灸・整体院などの施術所だけで14万６６４２事業所があることがわかります。この数字は開業届を出した一部の施術関連事業者数ですから、実際にお客さまからお金をいただいているフィジカルセラピーやそれ以外にメンタルセラピーを仕事にしているセラピストも合わせると、潜在数はこの数倍いると考えられます。

日本アロマ環境協会のアロマテラピー検定受講者数の累計は、２０１９年までで48万人。この数値の中には趣味で受講した方も含まれますが、１つの協会のセラピー受講だけでこれだけいることを考えれば、セラピー資格を持っている、または興味がある方が世の中に多く存在するのは確かです。

こんなにも世の中にセラピストが存在するにもかかわらず、「セラピストとはどんな人？」との問いに正しく答えられる人はほとんどいません。「エステティシャンですよね？」とか「スピリチュアルのことですよね？」など、セラピストの認知が低いのはなぜでしょう？

それは、セラピストの存在を身近に感じられない。稼いでいるセラピストが圧倒的に少ないことが原因の１つだと考えられます。

本書を出版したいと思い続けたのは、誰かのお役に立ちたいと思い取ったその資格を活かしてほしいという願いがあるからです。セラピストの存在がもっと社会に認知されるようになり、セラピストが関わることで、「ココロやカラダの未病を防ぐことができる！」と信じているからです。

事業を成功させるために必要なこと

セラピストがビジネスとして社会貢献をしながらも、しっかりと稼ぐためには、どうしたらよいのでしょうか。どんなスキルやノウハウが必要なのでしょうか。実は、ビジネスのスキルやノウハウだけでは上手くはいきません。ビジネスマインドとセラピストマインド®（思いやり精神）が必要なのです。本書ではビジネスに欠かせない経営者としてのビジネススキルとノウハウだけでなく、マインドの重要性も順を追ってお伝えします。

本書を手にしたあなたがこれからセラピストとして、事業者として、実際に事業を経営するために忘れないでほしいことがあります。それは、本書を読んだだけでは何も変わらないということです。どんなに知識・情報を得たとしても行動に移し、実際にやってみなければ意味がありません。実践するからこそ、結果が現れます。あなたが望む結果がすぐに現れるかどうかは別にして、どんな結果であれ、実際に結果が現れるからできるようになっていくのです。「できるようになったらやります！」という人がいます。では、いつできるようになるのでしょう。

事業を成功させるために、ビジネスの「やり方」と「あり方」を本書はお伝えします。まずは、1章ずつ読み進めながら、実際にその時々にやってみてください。ビジネスは、「やり方」「あり方」に「実践」が伴ってこそ上手くいきます。できるようになったらやるのではなく、できるようになるまでやり続けるのです。必ずあなたの事業の芽が出始めます。芽が出始めたら、次は水撒《みずま》きを忘れないでください。その芽を育てることで事業成果が現れ始めます。

本書は、経営者としてセラピスト事業のゆるぎない基盤を築くために、必要なことを各章で順序だててお伝えします。

セラピストである前に

最後に本書のタイトルにあるセラピストとは、起業家であり事業主だということも忘れないでください。セラピストである前に、1人の人であり、起業家・事業主です。

どんな起業家・事業主にも必要なスキルとノウハウ・マインドが本書には詰まっています。

鈴木幸代

2020年6月

成功する「セラピスト」ビジネスの教科書　目次

第3章　オンリーワンになれる自分ブランドづくり

第4章　経営者としてリスク管理の視点を持つ

第5章　ターゲットに響くSNS時代の宣伝方法

第6章 やるべきことを習慣化するビジネスマインド

第1章　セラピスト・事業家としての基本を確認

1　どんな仕事でもうまくいくには理由がある

事業を成功させるために必要な要素とは

売れっ子セラピストと言うと、コツコツと施術を続けていたら自然発生的にあなたの施術や人柄にたくさんのファンができて、気づいたら人気店になっているイメージを持っている人が少なくありません。

しかし、それは間違いです。そういったケースもないわけではありません。しかし、そうなるのはいわゆるゴッドハンドだとか、ごく一部のカリスマです。

普通のセラピストが売れっ子になるためには、その「事業」を成功させなければいけません。具体的に言えば、あなたはセラピストであるとともに経営者であり、広告宣伝、経理といったことも行っていく必要があり、そのバランスを取りながら収益を出していくということです。

セラピストとしての仕事は好きで得意だとしても、広告宣伝や経理などいわゆる実務的なことには苦手意識を持っていたり、苦手以前に、そもそも何をすればいいのかもわからない人もいるでしょう。

そのような中で稼げるようになる、つまり事業を成功させるためには、6つの大切な要素があります。これはセラピストに限ったことではなく、どんな事業でも成功をさせるためには絶対に不可欠な要素です。

逆に言うと、これから紹介する要素を意識しないと、高収入を得る道はとても遠くなると言っても過言ではありません。

ですから、この第1章の冒頭にこの項目を書かせていただきました。

では、その大切な要素を紹介しましょう。

事業を成功させるための6つの要素

事業を成功させる要素とは、次の6つです。

①素直であること
②人の話を（いったん）受け入れること
③スピードを大切にすること
④めげないこと
⑤プラスの言葉で発言すること
⑥笑顔でいること

簡単そうに思えても、数時間継続するのも難しい

何だ、そんな単純なことかと思われた人もいるかもしれません。しかし、大切なことほど、とて

も単純なのです。

もっとも、単純なことでも、毎日続けるのは簡単ではありません。

実はこの6つの要素は、私が主宰する「日本プロセラピスト協会（JPTA）」が行っているプロセラピストに向けた上級講習のグランドルールでもあります。講座のはじめにまずこのルールを確認するのですが、いざ進めていくと、何かアドバイスを受けても「でも……」と人の話を受け入れることができず、素直になれない人が大勢いるのです。

たった数時間でも守れないのですから、継続していくというのはとても大変なことなのです。ですから、この6項目を毎日、念仏のように繰り返し唱《とな》え、自分の中に刷《す》り込んでください。それぐらい大切なことです。

では、その6項目について、詳しく説明していきましょう。

2　アドバイスも起きたできごとも素直に受け入れる

成功者のアドバイスはよくわからなくてもやってみる

人の話を素直に聞くということは、みなさんできそうで、できていません。

事業を成功させようと思ったとき、多くの人は既に成功している人からのアドバイスを求めます。

しかし、実際にアドバイスが受けられたとしても、素直に受け入れる人は実はそれほど多くありません。

なぜ、せっかくもらったアドバイスを受け入れないのでしょう。

１つの理由は「アドバイスされたことがよくわからない」からです。

相手は既に成功している人ですから、思考のレベルが当然違います。ですから、成功している人のアドバイスは「なぜ、そんなことが必要なのだろう」「そんなことをする意味があるのだろうか」と思えることも多く、いまいちわからないのが当たり前なのです。

しかし、それでも「この人が言っているのだからやってみよう」と、とりあえずやってみるというのが素直な人。当然、よくわからずにやってみたことですから多くは失敗します。しかし、失敗したときもまた、素直さが問われます。

「あの人が言うからやってみたのにうまくいかなかった」と、失敗を他人のせいにしてしまうのは残念な人。せっかく素直に動いてみたのに台無しです。

とはいえ、成功者やメンターが言うことだけを聞いていればいいという考えもまた危険です。誰かの言うことだけをやっていれば楽ですが、それは完全に思考停止状態。そのような状態で続けても、あなたのビジネスとは言えません。そもそも、成功者やメンターは多くの場合、答えを丸ごと教えてくれません。自分で考えて動くための「ヒント」を与えてくれているにすぎないのです。

本当に素直な人は失敗からも何かを学び、次は違う方法でやってみようと自分なりに考え、努力ができる人です。

上手くいっている人の真似をすることが成功の第一歩

せっかくアドバイスをしてもらっても、それをやらない理由を聞けば、ほかにもたくさんの答えが返ってきます。

「時間がない」

「お金がない」

「私には向かない」

などなど。しかし、これらの答えはやらない言い訳であって、実際の理由は「自分の考えが一番」と思っているか、「実はそれほど稼げるようになりたいと思っていない、もしくは稼げるようになれると思っていない」のどちらかです。

「自分の考えが一番」というのは、自分には自分なりの方法やペースがあると考えていること。たとえば毎日必ずツイッターを6回投稿しなさいとアドバイスされたとしてもしない理由は、「面倒くさい」に他なりませんが、さらに掘り下げれば「私はそこまでしなくてもうまくいく」と思っているのです。

もし、そうでないなら「そこまでしなければ成功できないならしなくてもいい」という思いが根底にあると考えられます。

後者なら、それはそれでよいと思います。どのようなジャンルにせよ、事業で成功するにはかなりの努力が必要となり、苦しいこともたくさんあります。そこまでしたくないというのも1つの選択肢です。

しかし、前者のような中途半端なことはぜひやめてください。目的地への道を尋ねてせっかく教えてもらったのに、自分ならもっと近道が見つけられるはずだと、知らない土地をやみくもにさまよっているのと同じです。

学ぶの語源は真似ると同じで「まねぶ」だと言われています。上手な人の真似をすることが上達の第一段階。

型破りという言葉がありますが、型があるからこそ破ることができます。独創的な絵で知られるピカソも徹底的に絵画の基本を学んだからこそ、独創的な自分だけの絵が描けるようになったのです。

成功したいと思うなら、いったん自分流は捨てて、うまくいっている人の声に素直に耳を傾けるよう心がけてください。

3　いいなと思ったら、その足でやるぐらいのスピード感を

計画倒れになるぐらいなら、計画なしでも動いたほうがよい

当たり前のことですが、何かを成し遂げようと思ったら行動しなければいけません。

そんなのは当然だと思われるかもしれませんが、プランを考えてばかりで実際に行動に移せない

人がとても多いのです。
ビジネスに限らず、目標を持って何かを達成しようと思ったら「ＰＤＣＡ」が基本です（図表１）。
Ｐ＝ＰＬＡＮ　計画
Ｄ＝ＤＯ　行動
Ｃ＝ＣＨＥＣＫ　評価
Ａ＝ＡＣＴＩＯＮ　改善
計画を立て、やってみた結果を評価し、改善したら再びやってみる。これを繰り返すことで目標に近づきます。
しかし、Ｐ（計画）で止まっていたら、状況は何も変わりません。
今、世の中はスピーディーに変化しています。何かを学び、いいなと思ったことをじっくり練り上げている間に、それが時代遅れになってしまう可能性もあるのです。
そのため今はＰＤＣＡのＰを外して、「ＤＣＡ」の時代だとまで言われています。思いついたらやってみる、というスピード感を大切にしましょう。
スピードが大切な理由はまだあります。それは、気持ちの鮮度を落とさないため。素晴らしい案を思いついたとしても、それをいつまでも行動に移さないでいると、そのときのわくわくとした思いは消えてしまいます。これなら絶対にうまくいくと思えたのに、時間とともにそれほどよい案ではないような気もしてきます。そして結局、行動に起こさないまま終わってしまうのです。

【図表１　ＰＤＣＡサイクル】

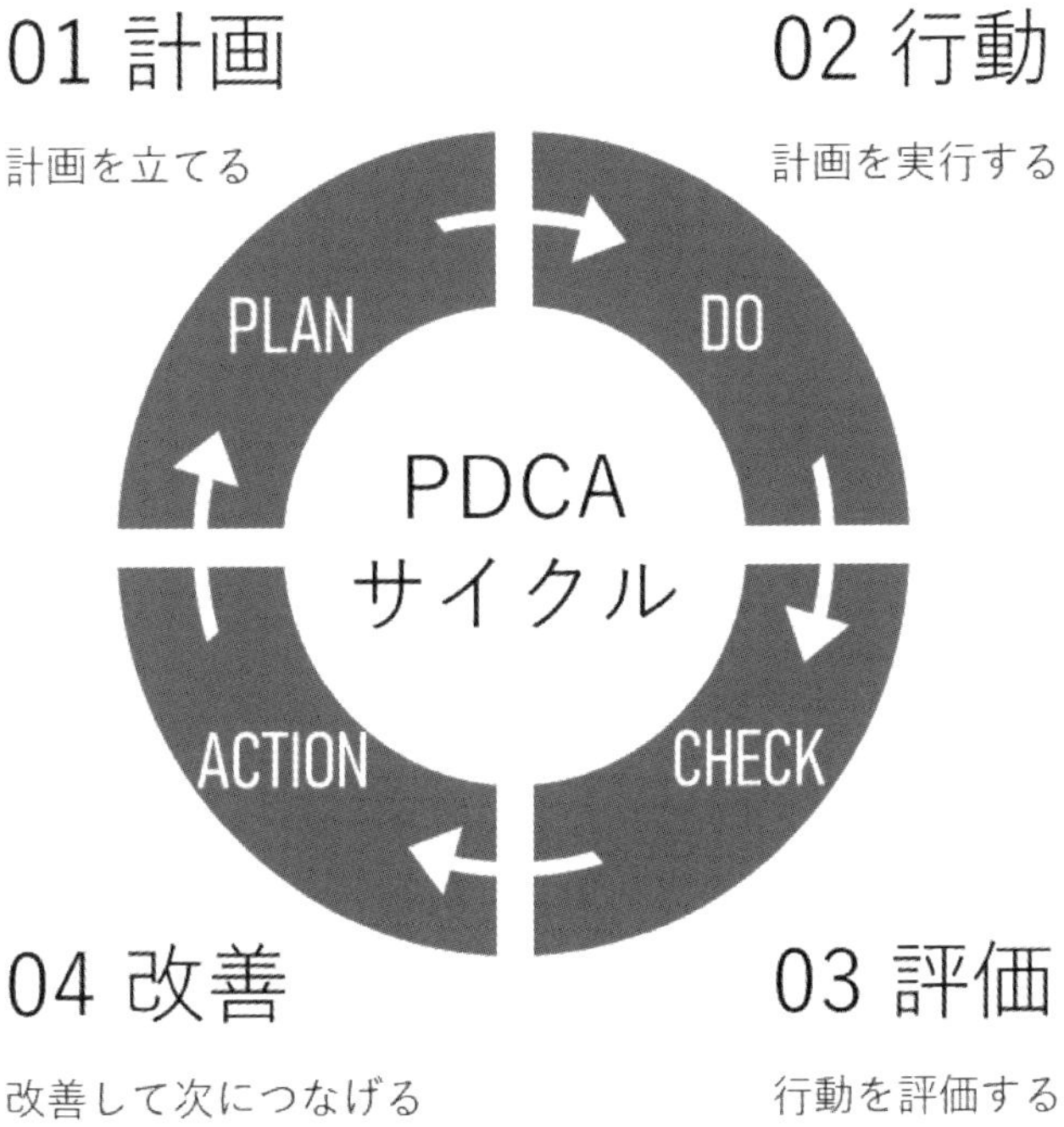

ＰＤＣＡは「サイクル」であるところがポイントです。
行動したらそれを評価し、改善したらまたやってみる。
それを繰り返すことで何事もうまくできるようになるのです

よいアイデアが思い浮かんだら、思いついたままの、勢いある気持ちのままで進めていくことが大切なのです。

また、行動に移せない理由の1つに「完璧を求める」があります。「もう少しできるようになったら」「考えがまとまったら」「失敗したらどうしよう」などです。完璧を求めていると上手くいきません。

完璧に近づきたいのなら、なおさらD（行動）し、経験値を積み上げるしかないのです。

行動の先には成功しかない

なかなか行動に移せない大きな理由には失敗が怖いとか、きっと失敗するのにやる意味はあるのかと考えすぎるということも挙げました。

しかし、先ほどのPDCAを考えれば、「行動」は「評価・改善」につながるステップ。失敗しないで最短ルートでいきたいと思うかもしれませんが、不完全でも動き出すことが最短ルートです。たとえやってみて思うような結果が出なくても、「この方法ではなかったんだ」ということがわかり、一歩前進します。

つまり、行動の先には成功しかありません。

100回失敗すれば成功するとわかっていれば、失敗するたびに嬉しくなると思いませんか。実際のところ、それぐらいの失敗をすれば、だいたいのことは成し遂げられるものです。

目指すべきは赤ちゃんです。立ちたいと思ったら、一直線。失敗して頭や額を打って、見ているほうはハラハラし通しですが、赤ちゃんは決して立つことを諦めません。「転んだら痛いかな」とか「また転んでかっこ悪いと思われないかな」などみじんも考えず、ただ立つことだけに集中します。だからこそ生まれたときは首ひとつ動かせなかったのに、たった1年ぐらいで歩けるようになるのです。そして、あなたもそうやって歩けるようになってきたのです。

エジソンが電球をつくり上げるために、フィラメントになる素材を探していたときに試した素材が合わなくても、「失敗なんかしてはいない。うまくいかない方法を数百通り見つけただけだ」と言ったのは有名な逸話です。失敗の先には成功しかない。そう確信できれば、失敗は恐れるに足りません。

失敗は前進。進んで失敗してください。

4　プラスの言葉を使い、失敗しても笑顔でいるべき理由

脳にはプラスの言葉が栄養になる

夢を分かち合える仲間と語り合った後や、ためになる講習を聞いたあとなどは、わくわくしてすぐに行動したくなるものです。その気持ちのまま動くと、多くのことはうまくいきます。なぜなら、脳がわくわくと喜んでフル活動してくれるからです。

このような脳がわくわくしている状態を「快」の状態と言います。

脳が快になっていると、たとえトラブルが発生しても、すぐに回避方法を見つけ出すことができるため、かえってよい結果が得られたりします。「ピンチをチャンスに変える」という言葉がありますが、これができる人はピンチにもめげず常に脳が快になっている人なのです。

逆に、脳の機嫌を損ねると大変です。苦手意識が出て、一歩が踏み出せなくなったり、頭も働かなくなったりして失敗ばかりに。このような脳が塞《ふさ》ぎ込んでいる状態を、「不快」の状態と言います。

いつでも脳を快にしてご機嫌でいてもらうには、栄養を与え続けなければいけません。その1つがポジティブな言葉というわけです。脳というのは頭がよいように思えますが、意外と騙《だま》されやすいことがわかっています。

「絶好調！　何もかも思い通りに進んでいる！」というようなプラスの言葉を発していると、脳は「今は絶好調なのか！」とルンルンしてくるのです。

大切なのは実際に声に出して言うこと。「今日もいい日だ」「素晴らしい」「ありがたい」といったプラスの言葉を発し続けてください。

苦しいことがあったときでも、「これを乗り越えたらすごいことになるぞ！」というようにポジティブな言葉を意識的に使いましょう。

逆に、ネガティブな言葉は自分に対してではなくても、口にしてはいけません。「最悪」「バカ」といった悪い言葉は他者やテレビなどに向けて発していたとしても、脳は誰に言われた言葉かは認識しないため、みるみる落ち込んでいきます。

明るいことを考え、明るい言葉を発する。些細《ささい》に思えることに気をつけるだけでも、仕事だけでなく人生そのものが好転していきます。

うまくいっていないときこそ笑顔に

機嫌がいいとき、うまくいっているときに笑顔になるのは簡単なことですが、うまくいっていないときこそ意識的に笑顔になってください。

笑顔でいることでも、脳は騙されるからです。顔には約60もの表情筋があり、その動きによっても脳は自分の状態を推し量っています。ですからトラブルが起きると「状況が悪い」ということは脳にもわかりますが、笑顔になると「それでも笑顔でいられる状況なのだ」と認識するのです。

様々な研究で脳の認知機能に関しては多くのことがわかってきていますが、笑うと脳波にアルファ波が増えてリラックスしたり、意思決定をしている大脳新皮質への血流が増加して、脳が活発に働いたりするということが報告されています。

マイナスになった脳を思考でプラスに変えるのは難しいことです。「こんな状況だけれども、こうすれば挽回できるから大丈夫」などと、左脳を使い理屈でリカバリーしようとしても、脳はなかなか快になってくれません。

そのように難しいことをあれこれ考えるより、笑顔になってスキップでもするのが一番です。もちろん理論的に考えることは必要ですが、悪いほうへ悪いほうへと考えてしまうようなときは、いったん脳を快に戻してから考えたほうが効率的です。

落ち込むと背中が丸まって、気持も内へ内へとこもっていきますので、背中をピンとのばして笑顔をつくりましょう。うつ状態の人もストレッチをして体を伸ばすと症状が改善するのですが、それぐらい姿勢とメンタルは結びついています。

また、周りの人から見ても、背中を丸めてうつうつとしている人と、姿勢正しく笑顔でいる人、どちらに仕事を任せたいかといえば、後者に決まっています。上を見上げるだけでも、前向きになる効果があるそうですから、ネガティブになっていると感じたら、背筋を伸ばして空を見上げてみるとよいでしょう。

笑顔でプラスの言葉を使っていれば、自然と素直にもなっていきます。ぜひ意識して習慣にしていきましょう。

5　セラピストマインド®を理解する

セラピストとしての心のあり方

どんなに宣伝をしてクライアントを集めても、セラピストとして信頼されなければリピートはしてくれません。

本書ではそれぞれのセラピーをいかに上手に売り、継続していくかというビジネスの内容が中心であり、商品であるセラピーについては語りません。しかし、どんな種類のセラピーを行うセラピストでも、共通して言えることがあり、それなくしてはクライアントからの信頼は得られません。

それはセラピストとしての「心のあり方」です。

セラピストの多くは、誰かの力になりたいという強い思いに突き動かされて、その道を選んでいます。しかし、思いが強すぎるあまり、セラピストとしての心のあり方を忘れてしまい、空回りしてしまうことが少なくありません。

では、セラピストしての心のあり方とはどんなものでしょうか。それは「人を思い、人に寄り添い、笑顔と可能性を引き出す」ということです。一言でいうと「思いやり精神です」

人を思うということは、みなさん十分にできているのですが、人に寄り添うことを忘れてしまいがちです。セラピストは、悩んでいる人、疲れている人、傷ついている人、足を止めている人、ゆっくり歩いている人、１歩を踏み出せない人など、様々な人に寄り添う仕事であり、決して導く存在ではありません。

人生の岐路《きろ》について悩んでいれば、自分自身で道が選べるまで寄り添い、励まし、勇気づけるのが仕事です。しかし、セラピスト自身がクライアントにとって最良と思われる道を決めつけ、そちらに進めるよう後押ししてしまうことがあります。

「クライアントを癒す」といったことを言うセラピストがいますが、癒すというのは上に立った言葉であり、傲慢《ごうまん》さにつながります。癒されたかどうかはクライアントが感じることであって、「自分が癒す」と思うのは思い上がりです。

そのような思い上がった意識は、クライアントに伝わり、離れていってしまうものです。

自分のなりたい姿をイメージするのは、とても大切なことです。イメージを繰り返すことで、実現に近づくからです。しかし、もしあなたの中でセラピストとは人を癒してあげるものというイメージがあるのなら、できるだけ早く払しょくしてください。

本書でもこれからの章で、自分が理想とする姿をイメージするという項目が出てきますが、それはセラピストとしての心のあり方を見つめ直してから進めるようにしてください。

自分の行動の指針ともなるセラピストマインド®

セラピストとしての心のあり方は、そのまま自分にも向けてください。つまり「自分を思い、自分の心に寄り添い、自分の笑顔と可能性を引き出す」ということです。

セラピストは誰かのためになりたい思いが、自己犠牲につながることが少なくありません。「疲れを感じているけど、もっと困っている人がいるから頑張らなくては」、「家族に何もしてあげられないけど、今は我慢」など。

しかし、必死すぎて視野が狭くなっているセラピストなんて、お世話になりたくないと思いませんか？

セラピストは、自分のコンディションを良好に保っておくことも大切な仕事です。クライアントに接するように、自分を思い、自分に寄り添い、笑顔になれる環境を整えてください。

あなたはせっかくセラピストであることを選んだのです。あなたにとってセラピストは職業ではなく仕事であるはず。職業は肩書ですが、仕事は違います。仕事はスキルと資格、経験を活かし、誰かのために役に立ちたいという使命であり、それは大きなやりがいにつながります。

世の中の仕事をやりがいでランクづけすると、次のようになります。

・ライスワーク（生きていくための仕事）

↓

・ライクワーク（好きな仕事）

↓

・ライフワーク（やりがいのある仕事）

・ライトワーク（天職）

ランクアップする秘訣は「一生懸命に続けること」です。毎日起きてから眠るまで、一生懸命にセラピストであることを続けてください。具体的には、心からいつも思いやりを持って生きること。それがセラピストとしてのあなたを磨き、セラピーという仕事を天職にしてくれます。

好きを仕事にする、天職というと、趣味の延長線のような楽しいイメージを持つかもしれませんが、それは違います。知識や技法のみならず、人間力とビジネススキルをたゆまず磨き続け、業界全体の成長とセラピストの普及に貢献することができる人。私たちはそんな人をプロセラピストと定義しています。プロ意識を持ち、自立姿勢で仕事に臨みましょう。

自立姿勢というのは、いかなる環境・条件においても最大限の可能性を発揮し、充実のための努力を惜しまない姿勢を言います。

セラピストとしての心のあり方とプロとしての自立姿勢。どんな種類のセラピストでも、これだけは忘れないでください。

日本プロセラピスト協会（ＪＰＴＡ）は、人への心のあり方・自分への心のあり方、この両方を合わせ持つことがセラピストの基本であるとし、セラピストマインド®と呼んでいます。

稼げるセラピストを目指したときに、人助け的なセラピストとしての思いと、利益を重視する経営者としての役割が自分の中で対立して葛藤することがあります。しかし、この、セラピストマインド®が根幹《こんかん》にある限り、必ず自分自身で納得できる答えが出せるはずです。

6　自分との対話を通して価値観を理解する

事業は自分の価値観を反映したものであるべき

事業を進めると、取捨選択の連続です。そのときに自分の価値観をわかっていないと、チグハグな答えが出てきます。


自分はどんなときに幸せだと思うのか。

自分はどんなことが許せないのか。

自分が一番大切にしているものは何か。

自分との対話を通して、価値観を深堀りし、それに従って事業を進めていきましょう。

それと事業がどう結びつくのかと疑問に思われるかもしれませんが、あなたの事業は、あなたの価値観を反映していなければうまくいきません。

たとえば、あなたの一番大切なものが「家族」だったとして、無理に事業を進めた結果、家族に寂しい思いをさせていたら本末転倒です。今は頑張りどきと、一時的に仕事に集中することがあってもよいとは思いますが、長期的に家族を後回しにしていると、何のために頑張っているのかわからなくなり急激に失速していくでしょう。

また、許せないことというのも、人によってまったく違うものです。「人から蔑《さげす》まれること」「人に嘘をつくこと」「貧乏をすること」。それによっても、事業のスタイルは変わってくるはずです。

価値観というのは、突然大きく変わるものではありません。だからこそ、自分自身の行動の指標となるのです。

本書のようなビジネス書などで様々なハウツーを見聞きしても、それを自分にフィットさせなければうまくはいきません。では、どうやって自分にフィットさせるのかと言うと、自分の価値観を軸に考えるのです。価値観に沿って重視すべきところ、後回しにしてよいところが見えてきます。

基本的には既に成功している人の真似から始めるのが一番ですが、その場合でも、それが自分のあるべき姿から解離《かいり》しすぎていないかということは常に考える必要があります。

「うまくいっている人の真似をする」と「自分の価値観にフィットさせる」というのは、矛盾する部分もありますが、自分でよく考えればうまく折り合いがつけられるはずです。

それを考えるのが大変だという人もいますが、自分にフィットさせることができるからこそ、大変な思いをしても、事業を起こす意味があるのです。あなたはこの事業のオーナーです。なるべくあなたの好きなもの快なものを集め、嫌いなこと不快なことは遠ざけて事業を組み立ててください。

ただし、苦手でも必要なことは遠ざけてはいけません。経理や宣伝など、嫌だなと思うことがあってもそれは苦手なだけ。本気で取り組めば苦手意識もなくなります。

第2章

夢はどんどん描こう！　それがあなたのブレない軸になる

1　あなたが理想とするセラピストライフをイメージしよう

将来なりたい姿を考えずに思い浮かべる

これからセラピストとして事業を発展させていくために、とても重要となるのはビジョンです。あなたは一体、どのようなセラピストになりたいのでしょうか？　まずは頭の中でイメージしてみましょう。

真っ先に思い浮かんだものは何ですか？　クライアントの笑顔。落ち着けるサロン。一緒に働く仲間。充実している自分。

では、それをさらに深堀りしてみましょう。

充実している自分が真っ先に思い浮かんだ人は、何がそうさせているのでしょうか？　クライアントが喜んでくれているから？　思うような施術ができているから？　金銭的に豊かであるから？　あなたの心を満たしてくれるものは何ですか。

考えずに、直観的に答えを出してみましょう。考えてしまうと人は自分に対しても建前で答えます。しかし、自分が本当に望んでいることを無視したままでは、ビジョンを叶えることはできません。建前は取り払い、ストレートに自分の願望を覗《のぞ》いてみるのです。

真っ先に「金銭的な豊かさ」を思い浮かべることで、自分を恥じる人がいますが、そんな必要はまったくありません。セラピストは慈善事業ではなく、仕事です。仕事に見合った収入を得るのは当然なのですが、なぜか「セラピーで儲けるなんて……」というような勘違いをした人が少なくありません。

困っている人を助けて高収入を得る仕事はたくさんあります。医師や弁護士もそうでしょう。ではなぜ、セラピストが高収入を得てはいけないのでしょうか。国家資格ではないから？　それならば鍼灸・按摩の資格を持っているセラピストが強いということになりますが、必ずしもそうとは言えません。

結局のところ、難しいと感じるという人は、金銭的に豊かになるということに抵抗があるか、自分のセラピーに自信がないのではないでしょうか。自信がないセラピーでは確かに高収入を得るのは難しいですが、それならば自信が持てるだけ技術を高めればよいのです。

このように、具体的なイメージを持つことで、「そのためには何をすべきか」という課題も見えてきます。

イメージすればするほど実現が近づく

理想の姿は繰り返し毎日、イメージしましょう。

なぜなら、人は意外と忘れやすいからです。本来、叶えるべき理想の姿を忘れて、枝葉の部分ばかりを追っているうちに、目標自体を見失ってしまうのはありがちなパターンです。

繰り返しイメージすることで、「自分がどこに向かっているのか」ということを、日々、明確にしていきましょう。

セラピストとして活動していく中で、理想とする姿も少しずつ変わっていきますが、日々、イメージを繰り返していると、「はじめに目指した姿」と「現在、目指したい姿」の間も埋めることができます。

また、脳は思い描いたことを実現しようとする特性があります。

自転車に乗る練習をしている子どもは、電柱や人が歩いているところなど、行ってはいけない方向にばかり、わざわざ向かっていくものです。それは「ぶつかったらやだな」という思いが強く、電柱や人を強く意識してしまうことで、脳はそれを指令と受け取り、実現してしまうからだと言われています。

同じように子どもに何かを運ばせるときに、「落とさないでね」と言うと、落とすことを強く意識するため落としやすくなってしまいます。落としてほしくないときには「前をよく見てしっかり運んでね」と、できることをイメージさせることが大切なのです。

子どもは素直な分、大人よりもイメージしたことがすぐに行動に出てしまいますが、大人でも多少の違いはあったとしても、知らず知らずのうちにイメージが行動を支配していることに変わりありません。

それぐらい何かを実現するために、イメージというのは重要なのです。

事業を進めていくと、必ず壁にぶつかります。そんなとき、落ち込んだり、うまくいくのかと疑念が生まれたり、自分には向かないのではないかと自信を失いがちです。そのまま放っておくと、「事業」と「ネガティブな思い」がリンクされて、事業のことを考えるたびに疑念や不安が生まれるようになります。そんな状態でチャレンジをしたり、前に進んだりするのは困難であり、無理に進めてもうまくいくはずがありません。

また、最終的な目標をイメージし続けていないと、視野が狭くなり、目先の些細《ささい》な目標のために頑張っているような錯覚が起こってきます。日々の努力は５年後、10年後に理想のセラピストになっているためにしているはずなのに、いつの間にか今月の売上のために働いているような気持ちになってしまうのです。

どんなに状況が悪くても、自分の理想とする姿をイメージして、脳にそれを実現させるように仕向けることが大切です。脳をわくわくさせて早く事業を進めたくなるためにも、日々、イメージを繰り返すことが大切なのです。

2　イメージを分解して、具体化しよう

あなたにとって寄る辺となる一番大切なものを見つける

思い描いたイメージはどんどん深堀りしていき、より具体的にする必要があります。

思いついたことを1つずつ、箇条書きでよいので書き出していってみましょう。

・駅からもアクセスのよい物件
・夢を共有できるスタッフ
・信頼してくれるクライアント

などなど。思いつくことすべてです。

その中で優先順位をつけてみましょう。スタッフは事業が軌道に乗ってからでいいなとか、サロンも自宅の一室でいいかもというように考えていっても、後回しにできないもの。それはあなたにとって一番大切なものです。

事業を進めていくと、やらなければいけないことだらけで、手がいっぱいになり、何からやらなければいけないのかわからなくなってきます。しかし、そんなときにも、その一番大切なものへアプローチできるものを優先してください。

どんなに混乱したときも、一番の目標に向かっていることができれば、安心感があります。

ですから、その一番の目標は、いわばあなたにとっての灯台となるのです。

「クライアントの笑顔」が最重要だった人は、宣伝がうまくいかず1人しかクライアントが訪れなかったとしても、そのクライアントを最上の笑顔にすることができたのなら、あなたは確実に目標に向かっています。

1人のクライアントも訪れなかったのなら、周りにいる誰かを笑顔にすればよいのです。家族でもかまいません。

厳しい状況の中でも、周りの人を笑顔にするぐらい精神的に安定しているというのは、セラピストにとって大きなスキルです。今日はクライアントが訪れなかったとしても、やがてそんなあなたに惹かれてクライアントが訪れるはずです。

イメージを分解していくと、一番大切なものが見えるだけでなく、目標がはっきりしていきます。

では、次の項から、あなたの目標を創り出していきましょう。

3 【要素1】あなたはどんなセラピストになりたいか

イメージの中の自分に近づく意識を

イメージの中で、あなたはどんなセラピストでしたか？

セラピストとしての自分を深堀りしてみましょう。その際、注意してほしいのは、第1章でお話したセラピストマインド®です。そもそものセラピストとしての役割を誤解していると、日々、イメージを繰り返していくことで、より強固になってしまいます。

「人を思い、人に寄り添う」ということを前提にイメージをつくり上げてください。

イメージの中で、あなたはどんな表情をしていましたか？

どんなトーンで、どのように話していましたか？

どんなスタイルで、どんなメイクをしていましたか?

イメージしたら、それを日々の生活の中でも意識して生活をするようにしましょう。

事業を進めていくとうまくいかないのは、他者が関わってくるからです。外注したリーフレットやウェブのデザインが思い通りに上がってこない、せっかく宣伝したのにお客さまが来ないなど、思うようにいかないことはたくさんあります。しかし、他者に理解してもらう、変わってもらうのは簡単ではありません。なぜなら他者は自分と同じ環境・状況に身を置いてきたわけではありません。だからこそ、考え方も価値観も違います。

しかし、自分は自分次第で変われます。

簡単だとは言いません。それまでの習慣、自我などがあり、自分を変えることもそれなりに大変です。それでも、他者を変えるよりは簡単です。

そして、自分が変わると、不思議と周りも変わってきます。それは自分が変わることで今までとは違う考え方や行動ができるようになり、他者にもその変化が伝わるからに他なりません。ですから、他人という壁にぶつかったら、自分を変えるチャンスと捉《とら》えてください。

思考を変えると行動も変わる

何かを選ぶとき、決めるときにも、理想とする自分はどうだろうかと考えてみてください。「メニュー表をつくらなければいけないけれど、明日やればいいかな」と思ったときに、理想とする自分ならどうするだろうかと考えてみるのです。「きっとすぐにやるだろうな」と思ったら、ぜひ、すぐにやってください。

困っている人を見かけたら急いでいてもお手伝いするだろう、可愛い花を見つけたら飾ってみるだろう。常に理想の自分を意識することで、行動も変わってきます。

イメージする、それに合わせて行動する。このインプットとアウトプットの連続が、イメージをより強化する近道です。

あなたのセラピーでクライアントはどう変わる？

イメージの中のクライアントは、あなたのセラピーによってどのように変化していたでしょうか？

そもそも、あなたのセラピーは「暗い顔をしている人（悩みを抱えている人）が明るい顔になる（悩みが解消する）」ものですか？　それとも「明るい人が、より明るい顔になる」ものですか？

もちろん、両方ともという答えが圧倒的だと思いますが、あなたは主にどちらのほうをメインターゲットとしているのか、考えていきましょう。なぜかと言えば、それによってサロンの広告をうつときのキャッチコピーなども変わってくるからです。

クライアントはどのような人でしょうか？　どれぐらいの年齢層で、どんな職業なのか、自由に使える時間やお金は？

また、クライアントがあなたのセラピーによって、よい状態になるというイメージは、あなたにとって頑張る動機づけになります。人は自分のためだけでは、なかなか頑張りきることができません。

しかし、自分が頑張ることで喜ぶ誰かがいるということが背中を押してくれるのです。

4 【要素2】イメージを実現するためにはどれぐらい稼げばよいか

あなたのサロンを設立・運営するためのコストは

理想のあなたのサロンはどのような場所ですか？　自宅の一室、賃貸マンション、路面店。立地は駅前？　住宅街？　それによって家賃は大きく変わります。サロン内はどのような造りになっていますか？　施術室のほかに受付や待合室がある。シャワールームなども併設されているかもしれません。

また、働いているのはあなただけですか？　スタッフがいれば、施術室も複数必要になるかもしれません。もちろんスタッフの人件費も必要です。

ほかにもインテリアなどはどうでしょうか？　理想のサロンをイメージしてカラーボックスやプラスチックボックスなどが浮かぶ人は少ないと思いますが、どの程度ラグジュアリーなサロンなのか、それによって施術の値づけなども変わってきます。

事業がうまくいったら変えていけばよいから、最初から決める必要はないと思われるかもしれません。しかし、うまくいったら目標を高めるような設定では、最終的な目標には決して辿りつけません。

たとえクライアントがゼロで資金もあまりない状態でも、セレブなサロンを目指すなら、それに合わせた事業計画が必要になります。

どう考えても達成できないような大きすぎる目標は考えものですが、簡単に達成できる目標もよくありません。もちろん目標を達成して達成感を得て、少しずつ目標を大きくしていく方法もあるかもしれません。しかし、人はイメージしたことを実現する力があるのですから、最初から理想の姿をイメージしているほうがよいのです。

また、簡単に達成できるお手軽な目標にわくわくできるでしょうか？　人はわくわくすることで、普段以上の力を発揮できるのです。

5　【要素３】仲間やライフスタイルは？　生活全体をイメージ

お互いの夢をイメージし合える仲間は？

あなたは理想の生活を手に入れたとき、その充実感や達成感を誰と共有していますか？　スタッフですか？　セミナーなどで知り合った仲間？　それとも家族？

スタッフを雇えば変わってきますが、多くの場合、セラピストは個人事業主です。様々なことを1人で判断し、1人で乗り越えなければいけません。めげてしまいそうなときもたくさんありますが、そんなときに「頑張ろうよ」と手を取ってくれる人がいるかいないかで、目標を達成できるかどうかも大きく変わってくるでしょう。

自分が夢を叶えたときに、そんな人たちが心からの笑顔になるということも強くイメージしてください。それと同時に、あなたも同じようにその人たちの夢が叶ったときのことをイメージしながら応援してあげましょう。

あなたが目標を達成したとき、あなたはどのような生活を送っているのでしょうか?

お休みは週何回あり、何時から何時まで働いていますか?

あなたがいない時間、サロンは閉まっているのでしょうか?

スタッフが運営しているのでしょうか?

それによって、自分がいない時間も任せられる信頼できるスタッフを、どこかのタイミングで育成しなければいけません。

セラピストの先にも何か展開したい夢はありますか? 本を出版したいとか、オリジナルアイテムをつくりたいとか。そういった夢もあるなら頭に描いておきましょう。

イメージするということは、アンテナを立てるのと同じです。アンテナを立てておくことで、小さなチャンスにも気づくことができます。

6 【要素4】どのような施術ができるようになりたいのか

今のセラピーだけで夢を叶えられますか？

ここまでのイメージを踏まえて、あなたが行うセラピーは今のままで十分でしたか？ クライアントの要望に応えられそうですか？

あなたが理想とするサロンを構えるのに十分なスキルですか？

もし、足りないと感じるのであれば、スキルアップが必要なのでしょうか？ それとも新しいセラピーが必要なのでしょうか？

もちろん、今、早急に答えを出す必要はありません。本書でもこれから考えていきますし、事業を進めながらでかまいません。しかし、自分の理想像をイメージしておかないと、何となく不安であれもこれもと資格を取っては中途半端に終わってしまうことになりかねません。

様々なセラピーを提供できることが、顧客サービスになると思う人が多いです。しかし、初めて来た鍼灸の治療院に、カラーセラピーやフラワーセラピーなど、関連性のないセラピーのメニューがたくさんぶら下がっていたら、不審がられることのほうが多いのではないでしょうか。

県道沿いなどで「おでん・ラーメン・カツどん」といった看板を出しているドライブインと同じようなイメージです。ジャンルの違う料理を並べられても、きちんと食べられるものが出てくるのか甚《はなは》だ不安です。手軽にサッと食べたいトラックドライバーなどには便利かもしれませんが、わざわざ目指して食べに行きたいお店ではありません。

キャリアに対して何かアクションを起こすときには、必ず、将来のビジョンにおいて必要なのかどうかという観点で決めるようにしてください。自分の選択力を上げることはこれからの事業を成功へ導く秘訣です。イメージを具体的にすればするほど、必要なのかどうか選択力も磨かれます。

7 イメージを視覚化しよう

書き出すことでより潜在能力に働きかける

夢実現のためのノートをつくり、イメージしたことを書き出してみましょう。

そのとき注意したいのは書き方です。「駅前の路面店でサロンを開きたい」ではなく、「駅前の路面店でサロンを開いた」というように、完了形で書くことで潜在意識に働きかけて実現に近づくと言われています。

さらに、「私は」とつけることで、より強固に刷り込むことができます。

「私は月商100万円稼いでいる」といった数値の目標も入れてもかまいませんが、人はあまり数字にはわくわくしません。

「私は月商100万円を稼いで、毎月旅行に行っている」など、わくわくすることと結びつけてみましょう。

数字を理解するのは左脳ですが、左脳はシビアで疑り深い性質があります。リスク管理などには向いていますが、夢達成のための大きな原動力にはなりません。一方で、右脳は楽天的でおおらか。騙されやすい側面もありますが、わくわくすると大きな力を発揮します。

仕事場に貼っておけば頑張れる

さらにわくわくを高まらせるためには、視覚的に見せるのが一番。こんなサロンを開きたいと思うような写真があれば、ノートに貼っておきましょう。

ほかにもこんな風になりたいと思える女性、経済的に豊かになったら実現できること（家や旅行、ファッションなど）もおすすめです。

ノートに貼るのもよいですが、見る頻度が高いほうがよいので、たとえばパソコンの後ろの壁に貼っておくなど、よく目につく場所、しかも仕事をしている近くに貼っておくのもよい方法です。やらなければいけないことがあるのに集中力が高まらないときでも、それを見るたびに自分は何のためにやっているのかを思い出させてくれます。

日本プロセラピスト協会（ＪＰＴＡ）でも、受講生のみなさんに図表２のビジョンシートを作成していただいています。理想とする自分の未来と道筋が描けると、迷ったときの行動基準になります。ぜひ活用してください。

【図表２　ビジョンノート】

ビジョンシート

①１０年後のビジョン

どんな未来を想像していますか？
あなたの周りにはだれがいますか？
どんな場所にいますか？

②なぜそのビジョンを設定しましたか？

あなたがビジョンを設定した理由はなんですか？

③ビジョン実現にどんな価値が生まれますか？

貴方の周りや社会にどんな変化がありますか？

④ビジョンを実現させる方法は？

どんな戦略を考えていますか？

⑤今日からあなたがする行動は？

10年後を目指し今あなたが1歩踏み出すことは？

⑥１年後にどうなっているか？

10年後から逆算しよう。1年後までに何を達成しますか？

⑦３年後にどうなっているか？

10年後から逆算しよう。3年後どうなっていると叶いますか？

第3章　オンリーワンになれる自分ブランドづくり

1　セラピストという仕事の価値を再確認する

セラピストは社会貢献できる仕事

事業を進めてもうまくいかないと、その原因をそもそものところに見出そうとする人がいます。つまり、「セラピストという仕事が稼げないのではないか」ということです。

たくさんのお金を稼げるということは、それだけ人に求められるもの、価値を提供できるものということになります。セラピストだから稼げないと思うということは、セラピストにその価値がないと思っているのと同じことであり、自分さえ価値を疑っているもので稼ぐのは難しいと言えるでしょう。もし、仮に、あなたの事業がうまくいかなかったとしても、セラピーは人から求められる価値のある仕事です。


日本は豊かな国である一方、「こうあるべき」という固定概念が強く、そこからはみ出した人にとっては息苦しい社会であり、自殺率も先進国の中でトップクラスです。また、うつ病患者数は年々増加しています。ブラック企業で苦しんでいる人、人間関係に悩んでいる人、居場所がない人、忙しすぎて体を傷めてしまった人、子育てに悩んでいる人。1人で抱え込みすぎて心や体を病んでしまい、放っておけば自殺してしまう人が日本にはまだまだたくさんいます。

セラピストはそんな人たちを思い、寄り添うことで、心身を健やかに整えることをお手伝いする

【図表3　うつ病・躁うつ病の患者数】

万人

- 平成１４年　71.1
- 平成１７年　92.4
- 平成２０年　104.1
- 平成２３年　95.8
- 平成２６年　111.6
- 平成２９年　127.6

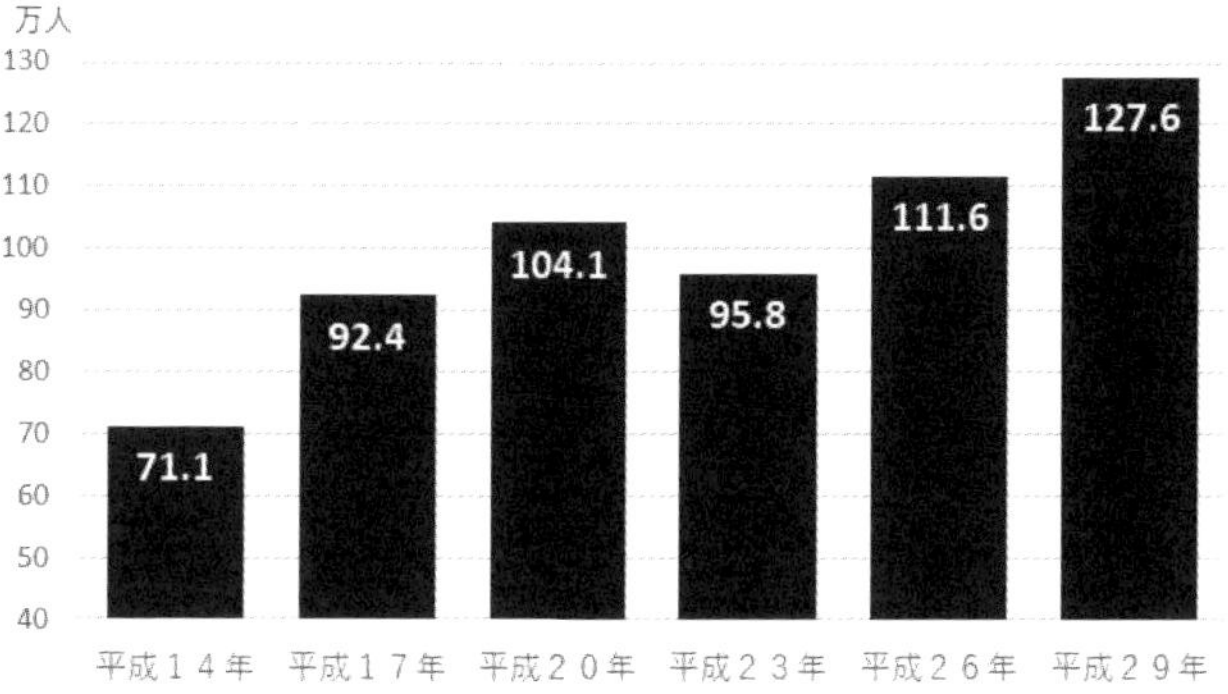

（資料）厚生労働省「患者調査」

仕事です。その結果、明るさを取り戻した人が思いやりの連鎖を起こし、明るく笑顔あふれる社会づくりにつながるのです。

セラピストとはどんな仕事か、明確に説明できますか

あなたは「セラピストとはどんな仕事ですか？」と問われたときに、明瞭に答えることはできますか？「人を癒す仕事です」と答えているようでは、セラピストとしての自覚がないと言わざるを得ません。

先にも言ったように、セラピストがクライアントを癒すというのは思い上がりです。また、癒すという曖昧な言葉を使うことで、社会的に認められづらい状況をつくってしまうのです。

心に働きかけるセラピストは、特にセラピストとはどんな仕事かを自覚していないと、スピリチュアルや占いのようなものと混同されやすいので注意しましょう。もちろんスピリチュアルや占いが悪いわけではありませ

ん。しかし、混同されるのはよくありません。

セラピストは「心や身体、またはその両面にアプローチする『療法』を施《ほど》す人」です。心に働きかけるセラピストは「物理的・化学的手段に拠《よ》らず、教示・対話・訓練を通して認知・情緒・行動などに変容をもたらす心理療法家」であり、心理療法は「人々の精神的健康の回復・保持・増進を図ろうとする理論と技法の体系」です。

療法というのは医療に限らず、サービスをお客さまに提供し、心や身体を回復したり、元気づけたりするものであり、大枠の中では医師も療法家も同じことを目指していると言えるのです。

それが、セラピストという仕事です。療法の結果として、クライアントが癒されることはありますが、「癒してあげる」仕事ではありません。その違いに気づかないと、セラピストとして伸びていくのは難しいでしょう。

こう伝えると、エステティシャンはセラピストとは違うと思われるかもしれません。しかし、エステティシャンも人の心や身体を回復または今以上に整えるためのお手伝いをしています。セラピーの範囲は広く社会に存在します。もっと言うならば、ママはお子さんの心身の健康と元気づけをするママセラピストだと思っています。

セラピストはＡＩ時代にも残る仕事

これから、仕事の多くはＡＩにとって代わられると言われています。確かに、次のようなスキルはＡＩのほうが優れています。

・書類作成　・記憶力　・計算力　・データ検索および解析　・オペレーション業務全般

一方で、次のようなスキルは人間のほうが優れています。

・コミュニケーション　・身体性　・アイデアやイノベーション　・直観やセンス　・対応力や応用力

セラピストの仕事はまさに人間のほうが優れている仕事です。

身体的なセラピーで言えば、マッサージチェアがわかりやすい例です。既にＡＩを搭載したマッサージチェアはありますが、やはり熟練のマッサージ師やセラピストには叶いません。

心理療法ならなおさらです。コンピュータ相手なら見栄を張らずに本当のことを話すことができ、適格なアドバイスができる可能性もありますが、人は自分自身にさえも嘘をつくことも多いです。ＡＩでも何が本当で何が嘘かを見抜くのは難しいはずですし、心を持たないＡＩに心のことをアドバイスされても素直に受け入れられません。ですから、セラピストの仕事はＡＩに取って代わられることもないのです。

2　セラピストは価値ある仕事だけれど飽和状態

リラクセーション業界は既に頭打ち

先にもお話したように、セラピストは社会から求められている仕事です。しかし、人数が多すぎて飽和状態になっているのも確かです。

前述のように、アロマテラピー検定は合格者数を公表していませんが、２０１９年までで累積受験者数が48万人を超え、合格率が90％程度と言われていますので、40万人以上が合格していることになります。１・２級あるので実際にはそれよりも人数自体は少ないと思いますが、それでも最低20万人は検定の1級か2級を持っていることになります。もちろん、趣味で資格を取得している人もいますが、アロマテラピーだけで勝負をしようと思えば、かなりの辛い戦いと言えるでしょう。

アロマテラピーに限らず、セラピストはかなりの飽和状態であることは間違いありません。

コンビニエンスストアの2倍近い成熟市場であるリラクセーション業界は頭打ちであり、「絶対にあの人でなければ」という確固たるクライアントを抱えている人や店でなければ、いかに安くサービスを提供するかという価格競争に入っています。倒産する店舗も増えており、近年では２０１３年に倒産件数が底をつくと、そこからは右肩上がりであり、２０１８年にはマッサージ業・接骨院等の倒産件数は２０１３年の約3倍にも上りました。

エステティックサロンも既に頭打ちで、ここ数年、サロン件数はほぼ横ばいです。しかし、安定しているわけではありません。エステ業界では参入後1年以内に倒産する企業が60％と言われているのです。つまり、半数以上の店は1年以内に新陳代謝しているということ。10年以上生き残れるサロンはたったの1割です。

このような中で生き残るためには、ほかのセラピストにはない強みを持つ必要があります。

3　自分の強みを知る

好きなこと、得意なこと、経験してきたことを洗い出す

リラクセーション業界がレッドオーシャン（ライバルがひしめき合う、血を血で洗う戦闘の海）であることは既に説明したとおりです。

では、あなたがその中で「わざわざ」選んでもらえる理由となる「強み」を考えていきましょう。

自分を振り返る強み発見ワーク

次にあなたの強みを発見するためにいくつかの質問をします。その答えを紙に書き出してみましょう。それぞれ答えは1つでなくてもかまいません。

1　やっていて楽しいと感じることは何ですか？
2　今までお金をたくさん費やしてきたことは何ですか？
3　今まで時間をたくさん費やしてきたことは何ですか？
4　お金がもらえなくても、やりたいことは何ですか？
5　ワクワクしてしまうことは何ですか？
6　時間を忘れ、没頭してしまうことは何ですか？

7　今よりも上達したいと思うことは何ですか？
8　あなたにとって、上達が早いものは何ですか？
9　人に「すごいね」と言われることは何ですか？
10　人に相談されたり、お願いされたりすることは何ですか？
11　人にしてあげて喜ばれたことは何ですか？
12　人からセンスがあると言われたことは何ですか？
13　人と比べて自分ができることは何ですか？
14　あなたが上手なこと、得意なことは何ですか？

すべて書き出せたら、赤ペンと青ペンを用意してください。

1〜7の答えに赤ペンで、8〜14の答えに青ペンで印をつけてください。

赤い印がついたのは、あなたが「好きなこと」です。

青い印がついたのは、あなたが「得意なこと」です。

この2つが重なるところが、あなたの【強みの原点①】です。

これだけでも人に「すごい」と言われるわけですから、強みとして十分ではないかと思われる人もいますが、それは「プロ」として言われた言葉でしょうか？　おそらくそうではないでしょう。

プロとしてこの競争が激しい世界で生き抜いていくためには、【強みの原点①】だけでは足りません。しかし、これだけで勝負しようとしている人が圧倒的に多いのも事実です。だからこそ、新規参入しても、過半数が数年以内に潰れてしまう不安定な仕事になってしまうのです。

しかし、逆に言えば、本当の強みに気づき、つくることできれば、一気にライバルに差をつけることができるということです。

好きという思いだけでは勝ち残れない

では、次に【強みの原点②】を知るための質問です。

・あなたが今までに経験を積んできたことはどんなことですか？

これだけです。プロとして活躍する以上、経験によって磨き上げられたスキルと知恵はそれだけで大きな武器です。

では、最終的にあなたの【本当の強み】は何でしょうか。それは【強みの原点①】と【強みの原点②】が重なる部分です。あなたが「好き」かつ「得意」で、「経験を積んだもの」が本当の強みと言えます。しかし【強みの原点①】があっても、経験値を積んでいないという人が多いのです。「好き」という思いは人を動かす原動力なので、その勢いに乗って開業したものの、経験値が足りずに失敗してしまうサロンは例に事欠きません。

とはいえ、好きこそものの上手なれと言うように、好きであるという気持ちは最高の武器です。練習と実践を繰り返し、経験値を積めば、大きな強みとなるでしょう。

経験値が低いのに勢いで既に開業してしまったという人でも、経験を積むことはできます。たとえば、美容室で新人の腕を上げるために無料でカットやパーマなどを実施していますが、それと同じように一定数モニターとして安く、もしくは無料で施術をする方法。これはあなたの腕次第で、モニターがリピーターとなってくれる可能性もあります。

収入が少なくて続けられない場合は、自分の店は時短にして、ほかの店で働かせてもらいながら経験を積むというのもよいでしょう。経営者の視点を持って働くことで、施術の経験を積む以外に宣伝やサービス、経理などたくさんのことが学べるはずです。

4　さらに強みに磨きをかける

ライバルには提供できない自分だけの強みを見つける

好きで、得意で、経験も積んでいるもの、それがあなたの強みだと話しましたが、実はそれだけだとまだ十分ではありません。確固たる優位性を持つためには、バリュープロポジションというものが必要となります。バリュープロポジションは「顧客に提供する価値」であり、言い換えれば「顧客があなたのサービスを買う理由」です。

顧客が望んでいる価値に対して、競合他社には提供できず、自社が提供できる価値を見つけていきましょう。それを見つけることができれば、戦わずして勝つことができるのです。

【図表４　強みのチャート】

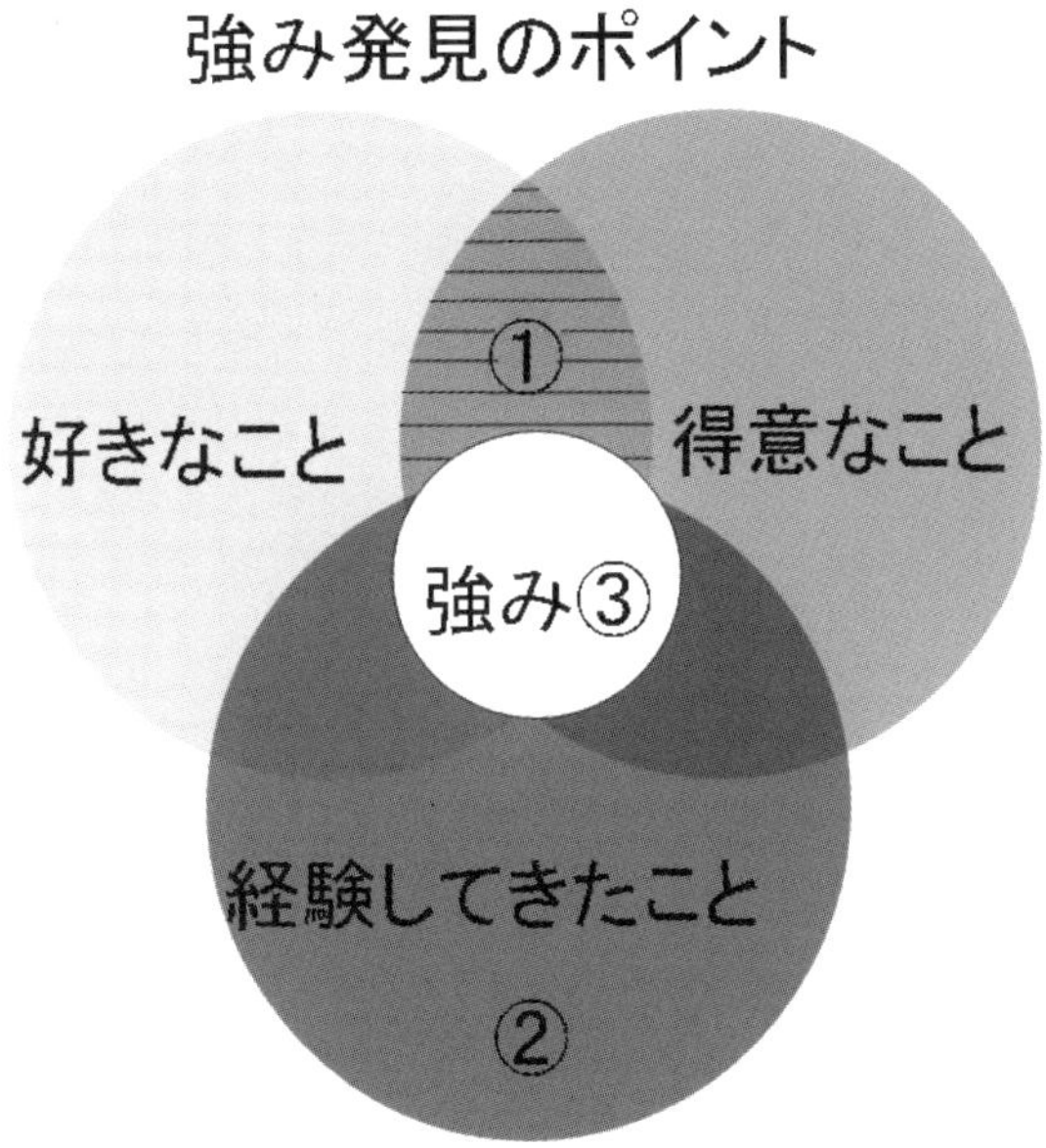

①53ページの(Q1-Q7)と(Q8-Q14)の両方を満たす基準

②あなたが今までに経験値を積んできたことはどんなことですか？

③（①+②）「本当の強み」

バリュープロポジションを見つけるためには、3C分析が必要になります。3C分析は、次の3つを分析するフレームワークです。

・Customer（市場・顧客）・Competitor（競合）・Company（自社）

それぞれの項目では、次のようなことを分析します。

・Customer（市場・顧客）

市場規模がどのように推移しているのか、顧客はどのようなときに、どれぐらいの頻度でそれを利用するかなど。

・Competitor（競合）

競合各社のシェアや特徴、評価。

・Company（自社）

自社の強みや弱み。

それぞれを分析し、まだ自分に強みがなくても、顧客ニーズがあるのに他社は提供できていないことがあれば、それを取り入れればあなたの強みになります。たとえば、あなたがヨガスタジオを経営していたとしましょう。高いヨガニーズがあっても、ヨガスタジオが乱立していれば、そこで勝ち抜くのは大変です。しかし、顧客は朝活にヨガを取り入れたいと思っているのに、周辺のスタジオは午後から夜の営業時間だったとしたら、朝型のサロンにするだけで大きな強みと言えるでしょう。

このように自分の強みを見つけるためには、ライバルや顧客についてよく知らなくてはいけませ

【図表５　バリュープロポジション】

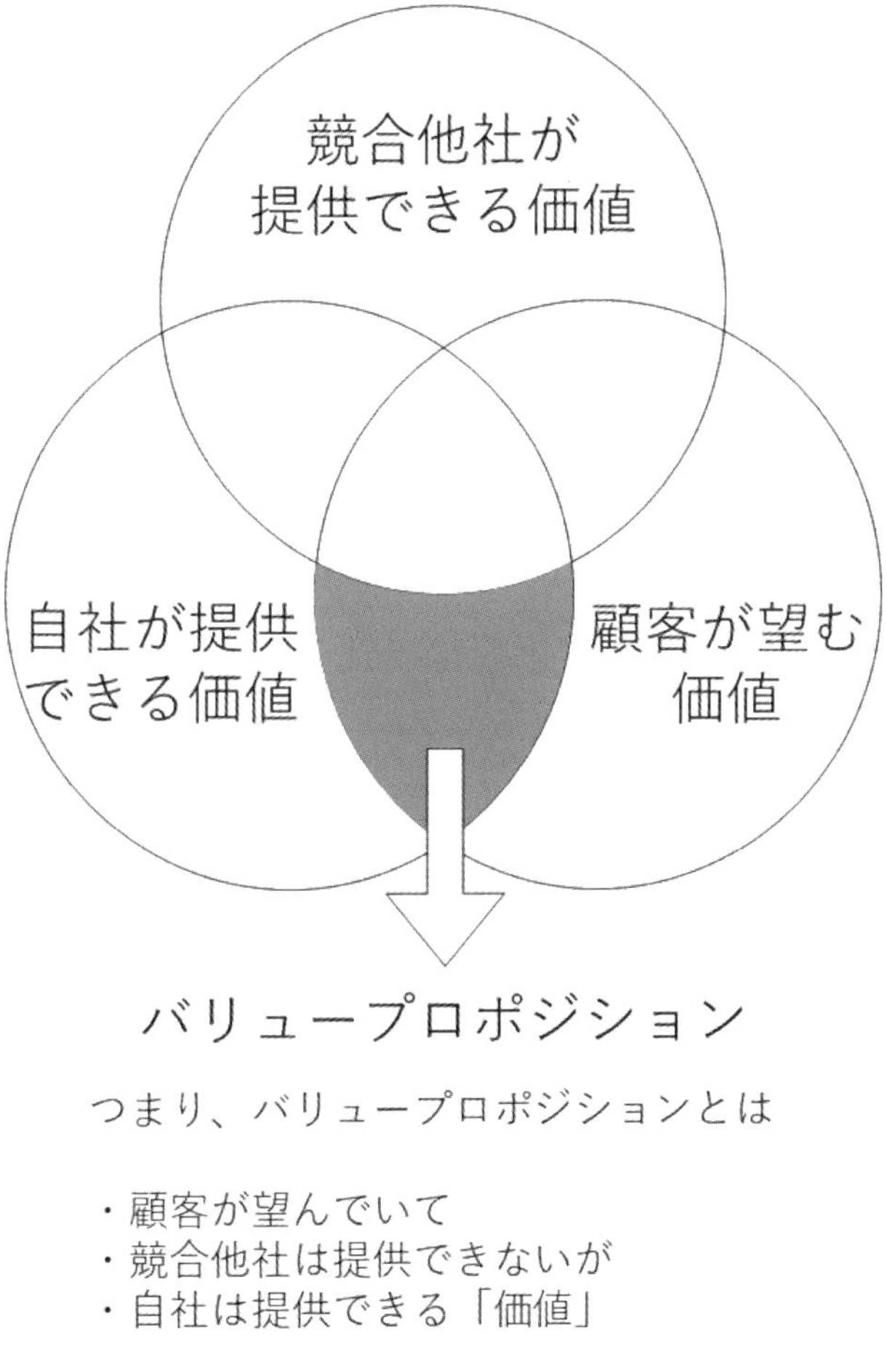

【図表6　バリュープロポジションキャンバス】

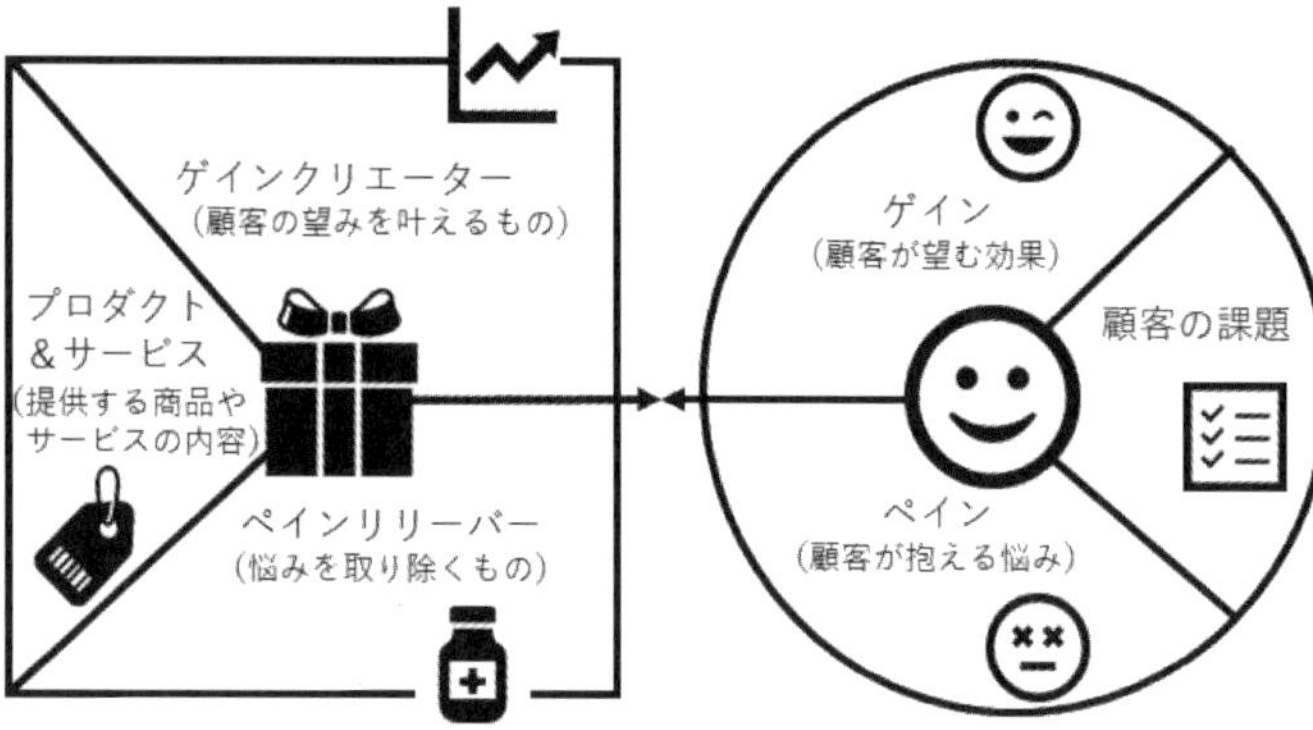

ん。さらに言えば、顧客ニーズは常に変化するものですし、ライバルの新規参入もあります。事業を続ける限りは、常にアンテナを張り続けていなければいけません。

顧客ニーズと自社サービスを可視化

バリュープロポジションの分析に便利なフレームワークをもう1つ紹介しましょう。それはバリュープロポジション・キャンバスです。

①顧客プロフィール

・顧客の課題　顧客が解決したい悩み、やり遂げたいこと
・ペイン　顧客が抱えている悩み
・ゲイン　顧客が望む効果

②バリュープロポジション

・ゲインクリエイター　顧客の望みを叶えるもの
・ペインリリーバー　顧客の悩みを取り除くもの
・プロダクト＆サービス　提供する商品やサービスの内容

顧客の望みと自分が提供できるサービスが対象的に配置さ

れることで合致するポイント、逆に相違しているポイントがわかりやすいのが特徴です。

ライバルとの差別化をしましょうと言うと、本当にライバルとの違いだけをフォーカスしてしまう人がいますが、本当に大切なのはライバルよりも顧客のニーズに応えられることです。それを見つけられるのが、このバリュープロポジションです。

5　発想の転換でセラピーの新しい価値を創生する

あくまでも自分のセラピーで勝負することが大切

バリュープロポジションを考えることで、勝ち残っていくための課題も見えてきたはずです。ただし、安易に「自分のセラピーだけでは足りない」と答えを出すのは考え物です。自分の強みの項でも説明しましたが、本当の強みには必ず経験値が伴わなければいけません。浅い技術を広く取り入れても、いつまでも強みは生まれないのです。

では、今あなたが行っているセラピーでライバルには勝てないと思った場合、どうすればよいのでしょうか。ぜひ、行ってほしいのは発想の転換です。

私が行っていたカラーセラピーのクライアントは主に女性です。しかし、あるとき経営者が集まる会合で、カラーセラピーの講義を行ってほしいと依頼されたことがあります。会場にはビシッとスーツを着込んだ中高年の男性が並び、始まるまでは自分の講義に興味を持っていただけるのか、まったく自信がありませんでした。

ところが、講義を始めてみると、話が進むにつれて、どんどんとみなさんの姿勢が前のめりになっていきました。身につける色によって、相手に与える心理効果が変わったり、自分の印象も変えられるなどということは、それまで考えたこともなかったからです。

最後の質疑応答では、たくさんの質問が上がりました。主催者の方も、過去の講義でこんなに質問が上がったことはなかったと驚いていたぐらいです。

このように、それまでなかった市場を新たにつくれる可能性もあります。

今あるセラピーを発展させた成功例

もう1つカラーセラピーに新しい方向性を見出した例を紹介しましょう。

日本色育推進会では色を使って子どもの肯定感を高め、ソーシャルスキルを身につけさせる取組みを行っています。色育アドバイザーを養成することで、全国に広まっています。

その一例を紹介しましょう。

長野県伊那市の小学校の保健室では、毎日平均して30人の子どもたちが保健室に来室していました。保健室に助けを求める子どもたちの多くはソーシャルスキルが不足していて、対人関係がうまく築けない、学校生活に適応できない悩みを抱えていました。

そこで、養護教諭が色育によるソーシャルトレーニングを行ったところ、保健室に来る子どもが大幅に減少したそうです。

新しい市場、ニーズを開こうと思っても、自分で教員や養護教諭になるのは簡単ではありません。しかし、このように体系立ててメソッドをつくって、講座を開設したり、資格制度を導入したりする方法もあります。

6　オリジナルのメソッドを発信する

これまでの経験を活かしてオリジナルメソッドをつくる

先に紹介したようなオリジナルのメソッドをつくり、講座開設や資格制度をつくるというのは大きなアドバンテージとなります。オンラインでの講座をつくることで、全国をターゲットにすることができ、また、新型コロナ感染拡大のような緊急事態になっても継続することができるからです。

はじめはプログラムをつくり、教材をつくり、人を集め、講師を務めて……とやることが山積みですが、軌道に乗ればあなたが育てた講師が各地で講習を行ってメソッドが広がり、ロイヤリティ収入も発生するようになります。

オリジナルのメソッドを構築するなんて、自分には無理だと思うかもしれません。私が主宰している日本プロセラピスト協会（ＪＰＴＡ）で開設している自分自身の講座をつくるための「ファシリテーター講座」の受講生も、はじめは自分に講座をつくれるのか半信半疑の状態です。

たしかにカラーセラピー、リフレクソロジー、アロマテラピーなどのように、それまでになかった新しいセラピーをつくり上げるのはたくさんの経験や研究が必要となり、簡単ではありません。

しかし、先に紹介したカラーセラピーの例のように、既存のセラピーに新しい付加価値を与える、オリジナリティを加えてアレンジすることなら、できそうな気がしませんか?

内容はセラピーに限定する必要もありません。セラピストという職業、あなたの人生を通じて得た気づきから、ほかのメソッドがつくれるかもしれません。

たとえば、私は「メンタリングマナー」というメソッドを構築し、講座を開設して講師を育てながら企業研修も行っています。メンタリングマナーは、メンターによる気づきの指導であるメンタリングをベースとしたマナー研修で、「やり方」を教える一般的なマナー研修に対して、心豊かに生きるという「あり方」を気づかせて、受講者それぞれの潜在能力を引き出すプログラムです。

もともと私はマナー研修を行っていましたが、従来のマナー研修を続けても身につくのは形だけで、おもてなしの心に結びつかないことにもどかしさを感じていました。そこで気持ちのよい接客やマナーができる人と、形だけの人、何が違うのかと考えたときに心のあり方なのだと気づき、そのあり方を伝えることにフォーカスした結果、メンタリングマナーにたどり着いたのです。

セラピストと関係がないと思われるかもしれませんが、このメソッドを考えることができたのは心のあり方が問われるセラピストだからです。セラピーだけの枠にとらわれず、あなたの感性や経験などを総動員すれば、きっとオリジナリティのあるメソッドがつくれるでしょう。

具体的に考えるべき項目

どのような講座をつくりたいのか、何となくイメージが湧《わ》いてきたら、次のような項目に分けて具体的に考えていきましょう。

①講座・メニューのテーマ／タイトル
②講座・メニューの概要／スタイル／人数／時間
③講座・メニューの対象者
④講座・メニューの独自性／アピールポイン
⑤講座・メニューの目的「メインメッセージ」
⑥受講者にとっての講座・メニューの魅力

この項目に沿って考え、煮詰めていくことで、もっとしっかりと形が見えてくるでしょう。講座設計に関しては、それだけで本1冊ができてしまう内容ですので、さらに具体的に進めたい人は講座をつくることにテーマを絞った本を読んでみましょう。日本プロセラピスト協会の講座も各地ならびにオンラインで開催予定です。

7　探求心があれば、いくらでも経験を積み新しい価値を見出せる

飛び込みでお願いする行動力が必要

後からも説明しますが、セラピストに限らず、事業を進めて行く中で最も重要な項目の1つにスピード感があります。思いついたら、即やる。それぐらいの行動力が成功のカギです。

第1章でも説明しましたが、行動の先には成功しかありません。失敗することもあるかもしれませんが、失敗をしないと見えてこない成功の秘訣もあります。

いずれにせよ、どんなにいいアイデアでも行動に移さなければ、まったく意味がありません。「時間がないから」「お金がないから」「もっといい案があると思ったから」などなど、やらない言い訳を考えるよりも、見る前に飛べの精神でどんどんと前に進んでください。そのマインドを持っていれば、経験を積むことも、セラピーが持つ新しい価値を探ることも難しくなくなるはずです。

経験を積みたいのなら、ボランティアとして高齢者施設でケアをさせていただいたり、美容院などでお客さまへのサービスとしてやらせていただいたりなど、いくらでも方法はあります。ツテがなくてもSNSで声を上げる、情熱さえあれば飛び込みでお願いする方法もあります。

自分のセラピーがたとえば高齢者に向いていると思っても、周りに高齢者がいないからと諦めてしまうことは簡単です。しかし、思いついてはやらないことを繰り返していると、脳はそれを意識

し続けることで疲弊《ひへい》し、やらない確率が高くなるだけでなく、経営者として行うべき様々な選択にも悪影響を及ぼすようになります。

具体的に言えば、サロン用の店舗を探していたときに、２つのよい物件が見つかったとしても、脳が疲弊しているせいで、どちらを選ぶかという決定を先送りしている間に、どちらも他の人が契約してしまい取り逃がすことが起こるのです。

さらに、そのうち脳もそれがわかってきて、「いいアイデアを思いついても、どうせやらないんでしょう?」と考えることさえ止めてしまいます。

そうなってしまうと、事業の成功が一気に遠のくことは明白です。

今のセラピーを軸に幅を広げるのはアリ

今のセラピーだけでは勝負ができないからといって、むやみに広げるのは先にも述べたようにおすすめしません。

しかし、今のセラピーを軸に、戦略的に広げていくのはありです。

アロマテラピーを幼児のケアに取り入れるために、チャイルドマインダーの勉強をするようなパターンです。

そういった場合でも主軸になるセラピーを研鑽《けんさん》し続けることは必要ですが、主軸のセラピーの深掘りにつながる勉強は積極的に行ってみるとよいでしょう。それが独創的な視点で生まれたもので、しっかりと体系立てることができれば、あなたも資格をつくり教える立場になることもできますし、オリジナルというのは最高の強みになるからです。

8　パーソナリティが大きな武器になる

人間力が伴わなければ、セラピストとしても大成しない

何かしらの商品やサービスを購入したカスタマーが、その内容に対して抱く思いは大きく分けて6段階あります。

次のページで紹介する感情6段階のうち、クライアントが抱いた感情が「怒り」と「不満」であれば、決してリピートしてくれないことは誰にでもわかります。しかし、「満足」で満足してはいけないことにはなかなか気づきません。

クライアントが満足するというのは、期待していたサービスが返ってきた状況です。つまり、サービス提供者として、そこは最低限のライン。本来、提供しなければいけないのは、期待を超えた「感動」、「感激」、「感謝」です。

感動はクライアントの内側に広がる感情。それを超えて感激すると、人はその思いを、人に伝えたくなります。そうすると情報が拡散されていき、一気にブレイクする可能性があります。

そして、接客で起こせる最上の感情は「感謝」です。お金を支払い、さらに感謝することは、ク

【図表７　感動される接客術〜要素と仕組み】

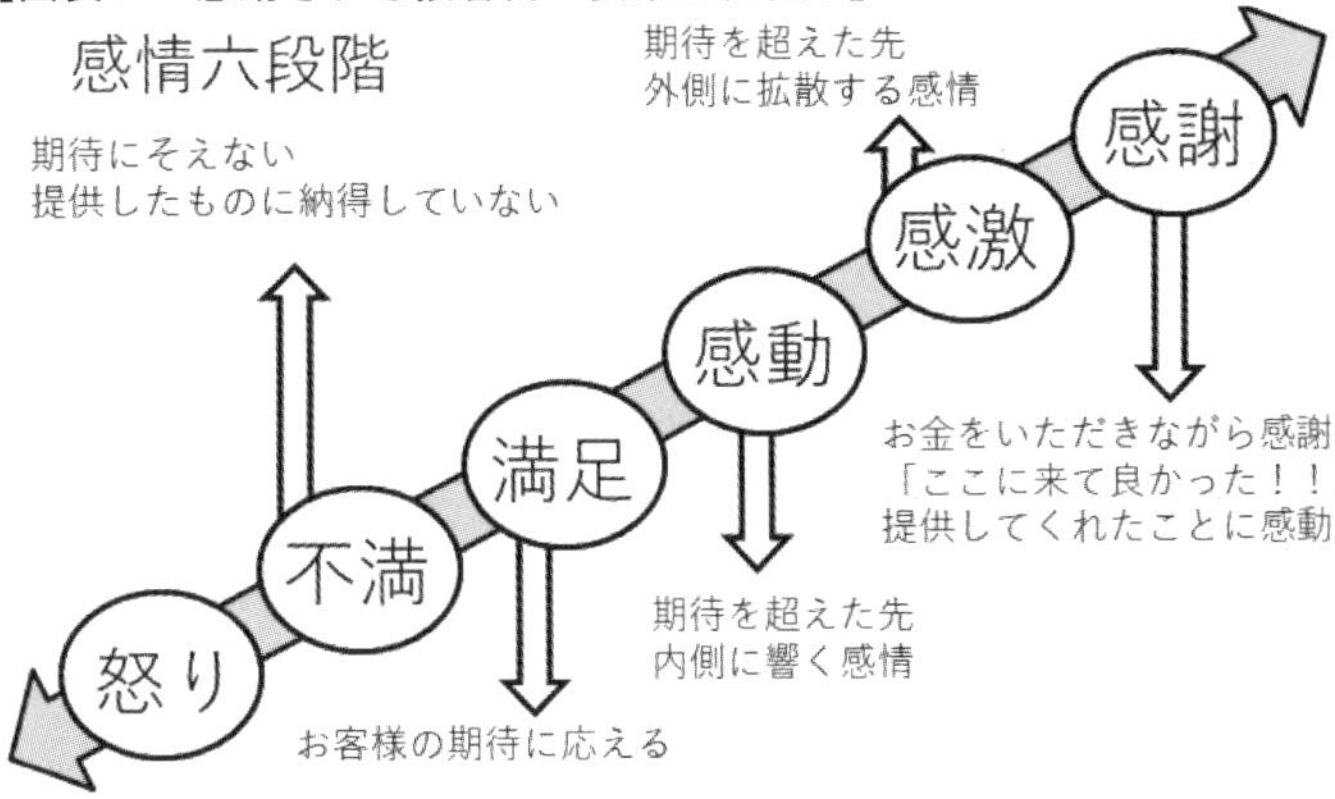

ライアントによほど大きな変化が起こらなければ、なかなか起きません。

満足以上の感情を引き起こすサービスとしようと思ったとき、セラピーそのものの力だけではなかなか叶いません。では、プラスアルファの要素は何でしょうか。

それはセラピストの人間力です。

どんなに理論的に素晴らしいセラピーを行えるとしても、威圧的で、ピリピリした空気を漂わせている人や、自己中心的で自分語りばかりするようなセラピストでは、クライアントはリピートしてくれないでしょう。

つまり、セラピストというのはいくら技術を磨こうとも、人間力が伴わなければうまくいかない元も子もない仕事なのです。だからこそ、セラピストマインド®（24頁）を常に意識することが大切になります。具体的に言えば、24時間、仕事時間以外でも思いやりを持って生きるのです。

セラピストは相手の心の声を感じとる力量が問われる仕事ですが、それは一朝一夕でできることではありません。状況や環境、相手が変わっても、それができるというのがプロです。

そのようなことを言うと、人生が修行のようですが、かけがえのない報酬が返ってきます。それは成長と人からの感謝です。この見えない報酬を本気で目指し始めたときから、あなたはセラピストとして大きく成長するはずです。

クライアントに満足以上の感情を起こすコミュニケーション力

では、具体的にどんなことを意識すればよいのでしょうか。クライアントと信頼関係を築くためには、次の3つの要素が欠かせません。

・関心＝相手に関心を持つ
・共感＝相手との共感ポイントを探す
・貢献＝相手のために何ができるのか、お役立ちポイントを探す

セラピストを続けていると、知らず知らずのうちに、人をパターン化してしまうことがあります。

「自己主張ができなくて人間関係に疲れているパターン」
「プライドが高くて人に弱みを見せられないパターン」

などなど。しかし、人それぞれ悩みの根っこも、そこから派生する痛みも、当然ながら違います。表層的な少しの情報だけで人をラベリングして決めつけてしまうと、見るべきものが見えてきません。クライアントにもその決めつけが伝わります。

そのような１人ひとりの思いを引き出すためにも、先に紹介した３つのことを心がけ「傾聴」することが大切です。ただ、聞くのではなく、耳と心を傾けて全力で聞き取るのです。

セラピーの場だけで実践しようとしてもボロが出ます。普段の生活の中から、相手は何を思っているのか、何に悩んでいるのか、言葉にならない気持ちも心を寄せて感じ取ろうとする習慣を身につけましょう。

こうやって常に意識して生活を送っていると、それが習慣となり自然とできるようになりますし、あなたのファンが増えていきます。このようなファンがあなたのセラピーを口コミで広げてくれるようになるのです。

9　自分では気づかない盲点の窓を開く

他人から自分はどう見られているかがわかる

自分が一番自分のことをわかっているつもりでも、実は自分も気づかなかった一面というのは誰にでもあるものです。そんな自分でも気づかなかった自分の強みを知るためのワークが「ジョハリの窓」です。

このワークは１人ではできません。あなたをよく知る仲間や家族とともに行ってください。理想としては５～８人程度。

【図表８　ジョハリの窓】

		自分自身が	
		知っている	知らない
他人が	知っている	開放の窓	盲点の窓
	知らない	秘密の窓	未知の窓

方法は簡単です。仲間が参加者それぞれの、印象や性格、特徴などを自由に記入していきます。自分自身でも記入します。記入し終わったら本人に渡し、本人が図表8のフォーマットに記入します。

他人から寄せられた自分の特徴が、自分でも書いていたものなら「解放の窓」。

他人からは寄せられなかったが、自分では書いていた特徴は「秘密の窓」。

他人からは寄せられたが、自分では書いていなかった特徴は「盲点の窓」。

「未知の窓」は当然、何も記入されません。

盲点の窓を開くことは、自分では気づかなかった強みを知るとともに、弱みを知ることもあります。

自分ではあえて気づかないふりをしていたことと直面しなければいけなくなると、大きなショックを受けます。まずは長所を知り、伸ばしたいという場合には「ポジティブな要素だけ」をジョハリの窓にする方法もあります。

欠点もしっかり知りたいという場合でも、自由に記入するスタイルにすると、他人から短所は書きづらいものです。ですから、事前にポジティブなこと、ネガティブなことを織り交ぜた性格シートをつくっておき、該当するものに○をつけてもらう方法を取るのもおすすめです。

自分では気づかなかった長所はそれを自覚した上でさらに伸ばすように、短所は早急に改善できるように努めていきましょう。

10　弱みは強みを極めることでなくなる

強みが強化されれば弱みも補完される

何かを始めようと思っても、できない理由ばかりを考えてしまう人は、怠け者でもダメな人でもありません。単に、それまでの人生の中で成功体験がなく、自己肯定感を持てていないだけです。

かつて何かをやろうとして失敗し、傷ついた、不安になった、悲しい思いをしたという経験から、「やりたい！　できる！」を封印してしまっているだけなのです。

不安になって立ち止まってしまう自分を責めるのはやめましょう。

コミュニケーションが上手ではないとか、ビジュアル的なセンスがないなど、苦手だと思うことも、誰かに心ないことを言われてトラウマになっているとか、経験が少ないというだけで、本当にできないわけではありません。

とはいえ、自分で弱みを克服するのは簡単ではありません。弱みを克服することを考えるのではなく、強みを強化すればよいのです。

自分が得意なことを磨いていくと、人から褒められることも増え、自信が湧いてきます。すると誰かのためにもっと役に立ちたい思いも強化され、次に進む勇気も湧いてきます。そうやって気持ちが前向きになっていくことで、自分の中で過去にあった悲しい経験なども受け止めて、自然と弱みも乗り越えることができます。

まだ、これといった強みが見つけられない人は、何でもよいので「これだけは人に負けない」というものをつくりましょう。気持ちのよい笑顔、元気な挨拶、丁寧なフォロー。意識次第でできることはいくらでもあります。

そういった小さなことでも、「これだけは負けない」と自信を持つことができ、他人からも評価されるようになると、気持ちも行動も変わっていきます。

また強みと弱みは表裏一体。自分では「できていない」と思い込んでいることも、他者から見ると「できている」と言われることがありませんか？　それはそもそも自分の中のキャリアライン（標準値）が高いのです。

いずれにしても弱みを知ることは大切ですが、弱みにフォーカスしすぎると行動できなくなるばかりか、思考も停止します。まずは強みを活かす、強みをつくることにフォーカスしましょう。

第4章　経営者としてリスク管理の視点を持つ

1　経営者としての仕事を知る

事業のブレない軸が理念・方針・目標

開業をしたら、経営者としての視点を持たなければいけません。

経営者としての主な仕事は次の3つです。

・選択する
・最適配分（人、モノ、金、情報）
・人を動かす（支援者、スタッフ、お客さま）

従業員がいない方は、人の最適配分など関係ないと思われるかもしれませんが、あなたの中での配分をあなた自身が考えなければいけないということです。セラピストとしての営業時間、宣伝・広告活動、経理、人脈を広げる活動など、あなた自身の中で最適配分をするのですから、従業員はいてもいなくても同じです。

選択というのは、経営者でなくても、日に何回も何千回も行っています。小さなことで言えば、今日は何を着るか、食べるか、どこへ行くか。ですから人は何気なく選択をしてしまいます。しかし、事業を始めたら、「経営者として」選択することが大切になります。

経営者としての選択とは、経営の指針に沿った選択です。その指針は次の3つです。

・経営理念　経営への自分の思い
・経営方針　思いを実現するための具体策
・経営目標　具体策の数値化

経営理念は経営や活動に関する基本的な「考え方」や「価値観」「思い」「存在意義」を表すものであり、クレドとか、フィロソフィ（哲学）とも呼ばれています。

経営理念は事業（企業）価値や事業（企業）ブランドイメージの向上につながり、社会へのアピールとしても効果的です。また、事業（企業）の形成や優秀な人材の維持確保につながる求心力ともなります。

そんなに大層な理念なんて持ち合わせていない。自分の好きなことで稼げればいい人もいます。しかし、自分の商品やサービスによって、お客さまが嫌な気持ちになるほうがよいのか、心地よいほうがよいのかと言えば、素直に後者だと思えるでしょう。その心地よさが他の人にも伝播《でんぱ》して、少しでも暮らしやすい世の中に貢献できたら、こんなにいいことはないと思いませんか？

事業を進める中で他者への感謝が強まっていく

最初はそれぐらいの思いでも構いません。事業を進めていき、一生懸命になればなるほど、自分の中でこの理念の部分は自然と強くなっていくからです。

世の中で大きく成功している人ほど、大きな理念を持っています。それこそ世界平和に貢献するとか、人類の発展に寄与するとか、それぐらいの理念を持っていたりするものです。しかし、そういった人たちのインタビューなどを読んでみると、創業当時は楽しいことをして儲けられればいいなと思ったなど、利己的な思いからスタートしているケースが多いのです。

成功は自分だけではできません。たくさんの人の協力を得る中で、感謝の気持ちが強まり、そういった人たちや社会に恩返しをしたいと思うようになっていくのです。

逆に、人はある程度まで稼げるようになると、金銭的な豊かさはモチベーションになりません。それを超えて成功していくためには、理念のような強い思いが必要となってくるのです。

とはいえ、一般的な起業家に比べると、セラピストは誰かのためにという思いから仕事を選んでいることが多く、言葉にならないまでも、理念をすでに持っている人がほとんどです。

「理念は?」と聞かれても答えに困る人でも、問いを変えればスムーズに出てくるのではないでしょうか。その問いとは、「あなたがセラピストを続ける理由」です。はっきりと言葉になっていなくても、次のような思いがあるのではないでしょうか。

「心身の健康をバックアップすることで、笑顔あふれる社会に貢献する」

「未病をなくして心身ともに健康な人を増やし、思いやりでつながれる社会づくりの一助となる」

このような、あなたの中の理念の原石をぜひ彫り出してみてください。

2　理念を叶える地図となる経営方針

経営方針は積み重ねれば理念を叶えられるもの

思い先行の経営理念と違い、その理念を叶えるための方法である経営方針と、その指標を数値として把握する経営目標となると、途端に苦手意識が出てきます。そのため、理念だけを抱えて突っ走る人もいますが、地図を持たずに広大な世界のどこかにある宝箱を探しているようなものです。

第1章で自分の価値観を深掘りすることが事業の指針となると話しましたが、実際的な指針となるのは経営方針です。経営方針は経営理念に近づくための具体的な道しるべです。

たとえば、モスバーガーを運営するモスフードサービスは経営理念として「人間貢献・社会貢献」を掲《かか》げ、「お客さまや地域社会と深く結びつき、真心をこめたサービスを提供することを通じて社会に貢献しよう」としています。

それに対して基本方針は、「お店全体が善意に満ちあふれ　誰に接しても　親切で優しく　明るく朗らかで　キビキビした行動　清潔な店と人柄　そういうお店でありたい　『心のやすらぎ』『ほのぼのとした暖かさ』を感じていただくために努力をしよう」としています。

人間貢献、社会貢献だけでは、店舗で働く人はどう行動すればよいのかわかりませんが、この経営方針があれば、すべての人がどう行動すべきかの指針を共有することができます。

このように経営方針は、それを積み重ねていけば、やがて理念を叶えるというものです。複数の人で共有するなら、誰にでも同じように理解されるようわかりやすいものである必要があります。

ちなみにモスフードサービスでは、経営理念を「私たちの存在意義」、基本方針を「私たちの理想の姿」と表しています。そういう言葉に変換すると、よりわかりやすいかもしれません。

また、モスフードサービスでは、理念と基本方針に加えて、経営ビジョンと創業の心というものを1つとして経営方針としています。

経営ビジョンは「私たちの目指すべき目標」とし、「食を通じて人を幸せにすること」。創業の心は「私たちの志・想い」として、「感謝される仕事をしよう」を掲げています。

行動方針は実際にどう動くべきかの道しるべ

経営理念と経営方針に行動指針を加えることで、より具体的に何をすべきか、何をすべきではないかを掲げている会社もたくさんあります。

東京の池袋と千葉の船橋に店舗を構える東武百貨店を例に見てみましょう。経営理念は「奉仕・進取・和親」。具体的には「東武百貨店は、お客様の満足と信頼を第一に（奉仕）、社員1人ひとりが創意工夫（進取）と互いの協力（和親）で新たな挑戦を続け、上質な商品・サービスを提供することで、事業の発展と社会に貢献できる企業を目指します」としています。

これに対し、経営方針は「地域に密着し、沿線のお客様に貢献する新ターミナル店舗を目指しま

【図表９　モスフードの経営方針】

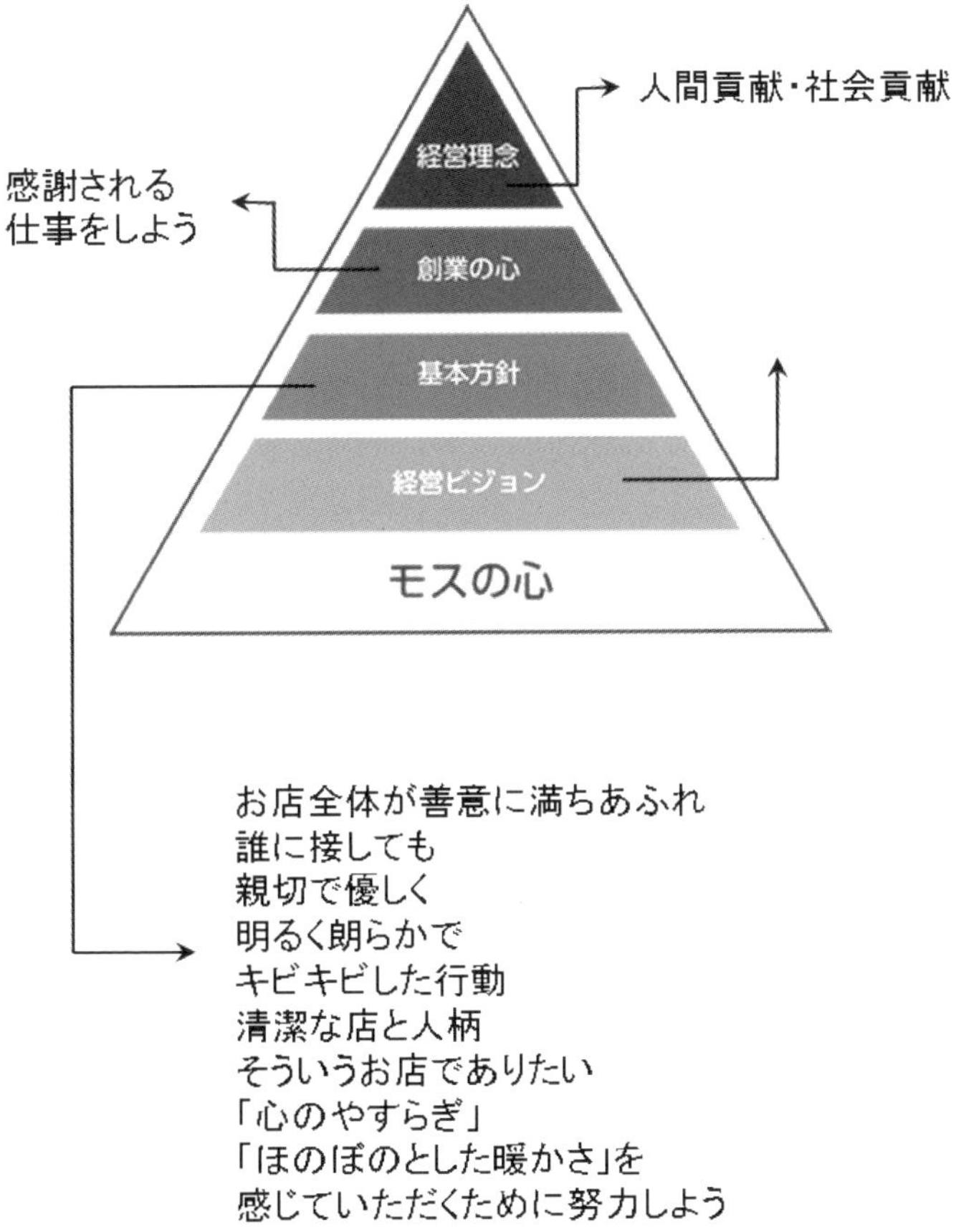

す」。具体的には「地元のお客様はもとより、東武線を中心とした沿線のお客様の生活向上のお役に立つこと　・従来の百貨店ブランドにこだわらない、多彩なテントミックスを創ること」としています。この経営方針があることで、社員は向くべき方向が定められます。さらに東武百貨店では「お客様に対して、投資家に対して、お取引先に対して、社会に対して、東武グループの一員として」と、それぞれに対する行動指針を掲げることで、具体的な行動を示しています。

このように、会社ではそれぞれに経営理念や方針のほかにもいくつかの指標を掲げて、会社を形づくっています。

大きな会社になるほど、社員も多くなるため、このように細かな指針があるほうが行動に一貫性が生まれます。

たとえ従業員が少なかったり、あなた1人だったりしても、モスフードのようなビジョンや創業の心、東武百貨店のような行動指針などを決めておけば、行動がチグハグになりません。

3　夢を叶えるための経営目標の設定方法

経営目標はあくまでも理想を叶えられる数値に

経営目標は数値化した事業の目標です。

では、この目標はどのように設定すればよいのでしょうか。まだ、事業も始める段階や初期の段階で、一体いくら売り上げられるのかを考えるのは簡単ではありません。

つい、やりがちな間違いは、達成できそうな目標にするということです。１日１人ぐらいは来てくれるだろう、単価は３０００円ぐらいなら払ってくれるだろう、といった安易なところに設定をして稼働日数でかけてみる。これではまったく採算も取れていませんが、事業を進めてうまくいったら、目標を修正すればよいと思ってしまうのです。しかし、それでは目標は達成できません。

目標は将来的な夢に焦点を合わせ、そこに向けて中間目標を設定していくのが理想的です。たとえば10年後には年商３０００万円にしたいと考えたときに、では5年後、１年後と中期、短期的な目標に落としていきます。

また、１人で年商３０００万円というのはなかなかできませんので、途中で従業員を雇い入れる必要がありますが、それはいつにするのか、どれぐらいの人件費がいるのかなども考えなければいけません。

どれぐらいのお客さまが来てくれるのかということも、雲をつかむような話に感じるものです。実際にそこには答えがありません。まずはサロン周辺にはターゲットとなる人が、住んでいる人、働いている人を含めてどれぐらいいるのかを調べ、「そのうち何％ぐらいの人に来てもらう」といったん決めるしかありません。

実際に事業を始めてみると、もちろん、最初の予測通りにはいきません。しかし、「そうなったら目標を下げればいいのね」と思うのは早計です。なぜ、目標に届かなかったのか原因を考え、宣伝方法を改善しながら、目標から下ぶれした分の売上を他に回収できる方法を考え、なるべく目標を達成する努力をしてください。

様々な費用の予算の配分も経営者の仕事

経費の管理も経営者の仕事です。個人事業で多いのは、足りなければ自分のお財布から出すという公私ごちゃ混ぜの管理。それは事業の純粋な収支がわからなくなるのでやめましょう。もちろん初めは事業が生み出すお金は足らないので、自分が補填することが多くなりますが、その場合でもきちんと借り入れという処理を行い、公私は分けておきましょう。

同様に、損益を考えるときについついやりがちなのは、自分の人件費を組み込まないということです。結果的に利益が出なければ収入にはならないわけですが、最初の利益計算の中でも自分がこれぐらいはもらうべきだという人件費は組み込んで考えるようにしてください。それだと商売にならないというのであれば、提供するサービスを見直して価格を上げるなど根本的な仕組みづくりから見直す必要があります。

自分の人件費はしっかり考慮しながらも、なるべく固定費を安くする努力は必要です。固定費はいわばお財布に空いた穴。この穴が大きければ、どんなに稼いでもお金は貯まりません。

もちろん物件を借りるなら立地のよい場所のほうが集客が見込めますが、その分家賃は高くなります。とはいえ、よほどの腕と戦略がなければ、僻地《へきち》に開業しても来てもらえません。そういった兼ね合いが難しくなりますが、難しい選択を重ねていくのが経営者の仕事です。

サロンで使う道具はリースするのか、購入するのか。購入する場合は、新品か中古か。できるだけ相見積りを取り、少しでもお得な方法を探しましょう。

このように広告宣伝費や人件費など、決めなければいけない費用はたくさんあります。公共料金のように否応なくかかる費用もあります。そういった費用をすべて管理し、損益を考えていかなければいけません。

「どんぶり勘定でいい」と言う考え方もありますが、それは「細部に捉われすぎて、肝心となる事業でお金の流れの全体像を見ていないのは本末転倒だ」と言いたいのであって、細かく考えなくてよいわけではありません。お金の流れを正確に把握し、抑える経費と必要な投資を正しく判断できる経営者としての目線を持ってください。

4　顧客像、ペルソナを徹底的に明確にする

サロンに関するすべてに影響するペルソナ

これからセラピーの値段を決めていくのですが、その前にあなたの顧客とはどんな人なのか、ペルソナを徹底的に明確にしていきます。ペルソナとは商品やサービスを利用するモデル像のこと。あなたのセラピーのファン代表となる方の人物像を徹底的に深掘りしていきます。

これは経営者としてのあなたと、セラピストとしてのあなた、2人でタッグを組んで行う必要があります。次のような項目を設定していきましょう。

・名前 ・年齢 ・性別 ・住んでいる場所 ・家族構成 ・職種 ・勤務時間 ・年収と世帯年収 ・出身地 ・友好関係 ・趣味 ・1日のルーチン ・どんなSNSを利用しているのか ・家族でよく行く場所 ・よく見るテレビ ・よく読む雑誌 ・インターネットではどんなことをチェックしているのか ・心身の悩み ・生活の中で不便に思っていること ・何をしているときに幸せを感じるか

名前なんてと思うかもしれませんが、あなたの中で実際に存在する人と考えてもらうために、ペルソナを理解するためには欠かせない要素です。ペルソナが具体的に見えてくると、様々なことが決めやすくなります。これから設定するセラピーの価格やどのように宣伝をするかということから、どんなインテリアにするか、サロンはどこに開くかなど、サロンに関するすべてです。ペルソナは本来、事業を始める最初に設定しなければいけません。

このペルソナを見失うと、色々なことがチグハグになります。自分の中でペルソナの理解を日々深め、今ならこんなことに興味を持っているだろうとか、こんなニーズを持っているのではないかなど、ペルソナの視点で新しい情報を得て考える習慣をつけましょう。

また、ペルソナは一度設定したらそのままではなく、事業を進める中で更新していき、実際の顧客と解離しないようにしていきましょう。

5　自分のセラピーの値段を決める

自分の人件費、セラピーの価格は多角的な視点で考える

自分の施術に値づけをするときに、安く見積もってしまう人が少なくありません。「困っている人からそんなにお金を取れない」とか、「自分のセラピーでそんなに高いお金をもらっていいのだろうか」といった思いがよぎってしまうからです。ここはいくつかの視点で考えていきましょう。

まず、経営者としてのあなたは、あなたというセラピストを自分のサロンに雇うとしたら給料はいくらが妥当だと思いますか？　また、経営者としては人件費を踏まえて、周辺の相場なども加味して決める必要があります。

次に、あなたがどこかのサロンに雇われるとしたら、いくらもらえれば十分だと思いますか？あなたはこれまでにたくさんのお金と時間をかけて、技術を身につけてきたはずです。

私が以前、受講生に行ったアンケートによると、80％近い人が複数のセラピー資格を所有しており、半数以上の人は３つ以上の資格を持っていました。

１つの資格取得にかかった費用の回答で最も多かったのは10～30万円で40％。１つあたり20万円としても３つの資格を取得したとすれば、60万円かかっていることになります。

そこに加えて、カラーセラピーのボトルを揃えたとか、アロマテラピーの精油を揃えたなどのプ

【図表10　セラピスト資格取得の現状】

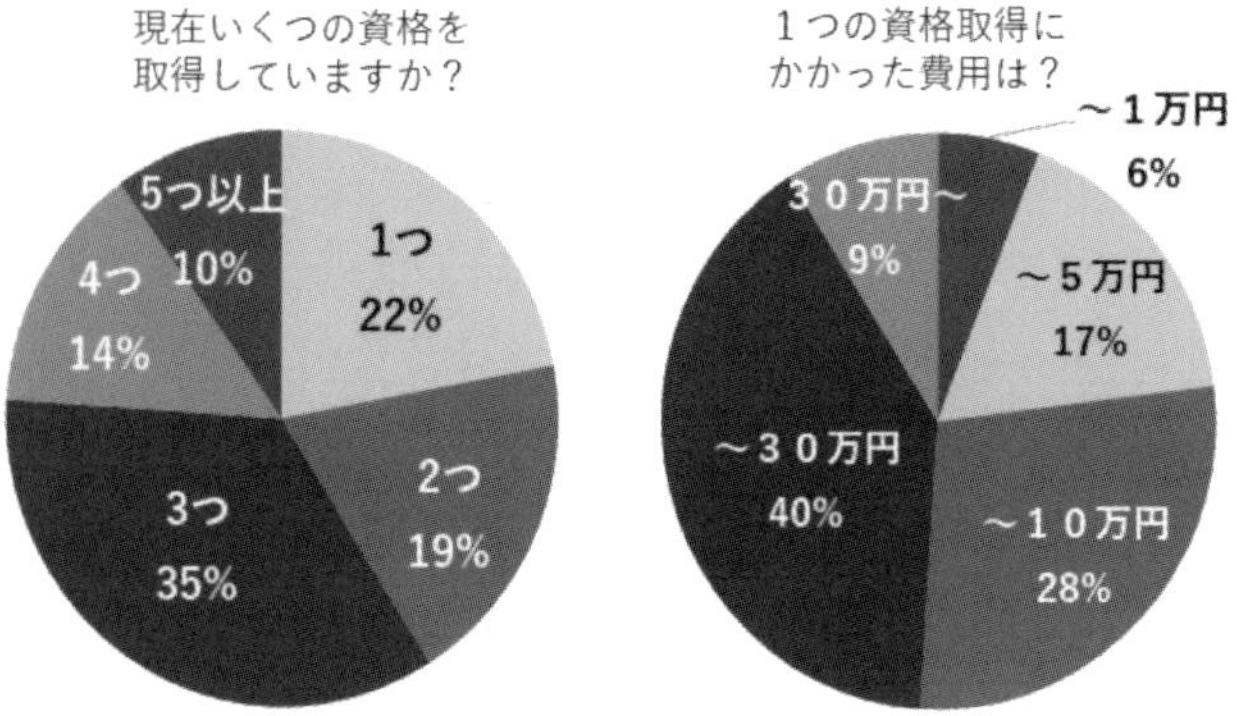

Amaranth color ＆ total Beauty School 入校前アンケートより

ラスαの費用や時間もかかっていると思うと、大きな元手を支払っているのです。それを踏まえた上で、自分はいくらの報酬をもらうのが適正かを考えてください。

３つ目は、お客さまとしての視点です。あなたがそのセラピーを身につけたいと思ったのは、そのセラピーを受けたり知ったときに何か感動があったからではないでしょうか。あなたがその感動を提供できるのであれば、相応の報酬をもらうべきです。

お金に対するメンタルブロックを外そう

自信を持って、「自分は●●円もらうべきだ！」と思うことができないとか、自分にそんなに稼げるようになるだろうかと考えてしまう人は、お金に対する不要なバイアスがかかっている可能性があります。

もともと日本人には「お金は不浄のもの」とか「成金」など、お金を稼ぐことを美徳としない文化があるため、お金を稼ぐことに対してメンタルブロックがかかっている人が少なくありません。このメンタルブロックを外さないと、事業はなかなかうまくいきません。

お金に関するメンタルブロックには次のようなものがあります。

「そんなに楽をして稼げるわけがない」「人を押しのけたり、騙したりしなければお金なんて稼げない」「たくさんのお金を持つと不幸になる」「私なんかにお金が稼げるはずがない」

お金に対して、このようなネガティブな思いを持っていたら、稼げるようにはなりません。

では、お金はどんな人が稼いでいるのでしょうか。それはたくさんの人を幸せにした人です。たとえば、たびたびニュースにもなったお金持ちにＺＯＺＯ創業者の前澤友作さんがいます。彼に対して好き嫌いはあるかもしれませんが、ＺＯＺＯＴＯＷＮはたくさんの人が利用した、つまり、たくさんの人を幸せに（楽しませた、便利さを与えた）からお金を稼ぐことができたのです。

しかし、その後、ＺＯＺＯＴＯＷＮの豊かさを支えてくれた参入メーカーへの不誠実な対応や、様々なサービスを提供する競合の台頭など、ＺＯＺＯがつくることができる幸せの総量が減少したことで収益も大きく減少したのです。前澤さんが不興を買ったという側面もありますが、それはプラスアルファの要素でしかありません。

前澤さんはＺＯＺＯの社長を退任するときに、また事業を起こして仲間とわくわくしたいと言っていました。ある程度、お金を稼げるようになったら、お金はモチベーションにはならないと先に説明しましたが、まさに前澤さんもそのとおりだったのでしょう。もともとわくわくした思いがあり、そのわくわくを拡大してたくさんの人を巻き込んだ結果として、お金はついてきます。

それでも、お金を稼ぐことにネガティブな思いがある人は、自分がお金を稼いだときに起こせる幸せについて考えてみましょう。たとえば子どもにたくさんの学びのチャンスを与えることができますし、両親に親孝行することもできます。収益から世界の貧しい子どもたちに寄付をすることもできますし、従業員を笑顔にすることもできるでしょう。

お金を正しく循環させると、世界は豊かになります。お金は稼いで、正しく使うことまでがワンセットです。それをわかっている限り、あなたはお金に不幸にされることはありません。

経営者の仕事はリスク管理

わくわくしてがむしゃらに突っ走った結果として、お金は後からついてくるとお話しました。しかし、そう言うと、経営目標を立てなくなる人がいますが、それは間違いです。セラピストとしてのあなたはわくわくして突っ走ってもかまいませんが、経営者としてのあなたは細かく経営目標を立てて、軌道修正しなくてはいけません。経営者としてのあなたの大きな仕事はリスク管理だからです。

リスク管理は常に最悪のことを考えなければいけません。1人もお客さまが来なかったら、自分が病気やケガで働けなくなったら、近くにライバルが開業したらなどなど、あらゆるリスクを考えて備えるのです。わくわくしたいセラピストとしてのあなたにとっては、せっかく楽しい気持ちでいたいのに水を差す存在です。ですから経営者としての仕事を放棄していまい、結果、経営が立ちゆかなくなっているセラピストがとても多いのです。

もちろんリスク管理などネガティブなことを考えていると、脳は不快になってせっかくの行動力も抑えられてしまうことがあるのは確かです。ですから経営者としての仕事の後には、理想とする将来をイメージして、脳を快の状態に戻すようにしてください。

6　セラピーのよさを知ってもらうフロントエンドを考える

ただ割引をするだけではリピートは難しい

施術などの値段やサービスを決めるときに、注意しなければいけないことは、あとから下げることはできても上げるのは難しいということです。たとえば、30分３０００円で決めた施術を、採算が取れないからといって、後から４０００円などと上げると、３０００円で受けていた人は損をした気分になりますし、経営がうまくいっていないのかと推察されてしまいます。ですから値段をつけるときには、きちんと利益計算をして経営が成り立つ金額に設定しなければいけません。

とはいえ、初めてくる店で値段が高ければ、敬遠されてしまうのも事実です。そこで考えたいのがフロントエンド商品です。

フロントエンド商品というのは、新規顧客を獲得するための商品。通信販売の化粧品や健康食品などで「初回に限り半額！」とか「総額60％オフのお得なお試しセット」といったコピーを目にしたことがあると思いますが、それがまさにフロントエンド商品です。

健康食品や化粧品の場合、気に入ったものは長く使う傾向があり、そのために合うかどうかを試すためのものがフロントエンド商品です。

セラピーでも同じことが言える部分もあるのですが、よほど満足度が高くなければリピートが難しくなります。なぜかと言えば初回は「サービス」で1000円だった施術だったとしても、お客さまとしては2回目以降3000円に「値上がりした」印象を持つからです。

近年、様々なサロンを検索できるウェブサイトやフリーペーパーがたくさんあり、多くの場合はフロントエンド商品が用意されています。そのため、お得なフロントエンド商品だけを渡り歩くという人も少なくありません。

そのような状況の中で、ただ割引をするだけのフロントエンド商品だと上手に利用されて終わってしまいます。

では、どうするかと言うと、本来の施術を抜粋したフロントエンド専用のメニューをつくるのです。ただし、施術前にカウンセリングなどを行っているなら、そこは通常コースのお客さま同様にしっかりと行ってください。そこであなたは「こういう状態で、こういうケアをすればよくなる。フロントエンド商品では短期間（もしくは部分的に）は改善できるけれども、しっかりケアしたいなら通常コースでお越しください」とリピートにつなげるのです。

しっかりとカウンセリングをすると、時間がかかるので省略したくなると思いますが、フロントトエンド商品はサロンのファンをつくるためのメニューであり、損して得を取るためのメニューです。利益は出さなくてもよいので、ここは手を抜いてはいけません。

7　利益を生むのはバックエンド商品

フロントエンド商品はバックエンド商品販売の入り口

フロントエンド商品に利益を生み出す商品をバックエンド商品と呼びます。フロントエンド商品のミッションは、あなたのセラピーのよさを知っていただき、バックエンド商品を利用していただくこと。一番の理想は、フロントエンド商品を試していただき、その場でバックエンド商品を購入してもらうことです。人は「いいサロンだな、また来たいな」と思っても、その思いはだいたいそこがピークで、後は忘れていってしまいます。

そこで、お試し商品を試していただいたその場限定で、通常コースの割引券を販売するといった方法も考えてみましょう。ただし、この場合でも割引率が高すぎると、その次以降に定価で受けてもらうハードルが高くなるので、ご注意ください。

また、バックエンド商品をコンスタントに売るためのメニューも考えてみましょう。回数券やサブスクリプションなど、前払い制度のシステムが一般的です。また、人が稼働しなくても利益が出せるもの、つまり、物販も考えてみましょう。

バックエンド商品はキャンペーンで上手に販売

フロントエンド商品は、あくまでも初めてのお客さま専用の入り口商品です。

では一旦フロントエンドや通常の商品を購入してくれたお客さまの来店を促すために、商品を割引したいときにはどうすればよいのでしょうか。基本的には割引は最終手段であって、できれば定価で来ていただくのが理想ですが、埋もれていたお客さまの掘り起こしに割引を用意するのはアリです。次の章でも説明しますが、季節に合わせたキャンペーン（冬に冷え改善、夏前に紫外線対策やダイエット企画など）を行ったり、新メニューを用意して初回割引を行う方法もあります。

そうすることでちらしを配る、メールマガジンを送るなどの口実もつくることができます。

8　事業を進めるために必要な情報の収集

最新の生きた情報は直接会うからこそ得られる

事業を行う上で情報は大きな武器です。

たとえば、これから流行しそうなものをわかっていれば、先駆けてメニューに取り入れることができますし、ライバルが追いついた後も先行というアドバンテージは有利に働きます。

また、景気に関する情報も重要ですし、中小企業向けの助成金の情報などもありがたいものです。

最近の人は、そういった情報をインターネットで取り入れようとしますが、それはおすすめしません。ネットに上がる、もしくはその情報にたどり着くまでにはタイムラグが発生しますし、情報そのものが誤っている可能性もあるからです。

そもそもネットは自分が気になったことに、自分からアクセスしなければ手に入りません。一方で誰かに会って話をすれば、思いもよらなかった情報が入ってきたりします。ですから、よい情報をつかむためには、よい情報を持つ人たちに直接会うのが一番です。

では、世の中の経営者はどういった人たちから情報を集めているのでしょうか。中小企業基盤整備機構・経営支援情報センターが発表した「中小企業経営者の経営情報の収集・活用に関する実態調査」によれば、「経営に役立つ情報を誰から取得しているのか（複数回答可）」に対して、次のような結果がでています。

1位・同業者／交流会参加者
2位・取引先担当者
3位・顧客

同業者仲間がいないという人は、交流会を探して積極的に参加してみるとよいでしょう。同業者でなくても、マーケティング方法とか宣伝方法など、新しい知識がたくさん得られるはずです。

このように積極的に人に会い、集めた情報のわからない部分、足りない部分を埋めるためにネットを利用するのはよいですが、その場合でも一次情報に当たる、たとえば中小企業庁など公式のサイトで確認をする習慣を身につけてください。

インターネットの普及により、多くの情報を私たちは簡単に入手できる時代になりました。だからこそ、自分にとって必要な情報なのか、正しい情報なのか精査できる経営者を目指しましょう。情報に振り回されたり、やみくもに交流会を渡り歩くのも違います。ここでも経営者としての人・モノ・金・情報の最適配分と選択力が試されます。

最新情報は業界新聞で得られる

もちろん人から得る情報だけがすべてではありません。業界新聞などはぜひ活用しましょう。その業界に詳しいプロの記者が集めてくる情報ですから、参考になる最新情報がぎっしりと詰まっています。

今、美容や健康業界で売れているもの、これから注目を集めそうなもの。物販を始めるなど新しいサービスや商品を取り入れたいとき、大いに参考になるでしょう。

また、業界の展示会にもぜひ参加してみてください。トレンドを実際に肌で感じることができる貴重な場所です。展示会では海外からの出展もあります。アメリカや韓国など日本の市場にも影響のある国の最新情報に触れることもできます。

メニューをつくるとか、それをSNS等で発信するなど、事業を進めていくと、たくさんのことをアウトプットしなければいけません。定期的にインプットしていかないと行き詰ってしまうので、こういった定期的な情報収集も大切にしていきましょう。

第5章　ターゲットに響くＳＮＳ時代の宣伝方法

1　個人事業でもコンプライアンスは大切

広告物をつくる前に絶対に知っておくべきこと

広告物をつくるにあたって、知っておかなければいけないことがあります。それはコンプライアンス、法令順守ということです。

気にすべき法令はいくつかありますが、1つ目は著作権です。広告物やウェブ上などに、他人が撮った・描いた写真やイラストを使用する場合、必ず確認しなければいけません。特にネットでは簡単にコピーできるため、気楽に他人が撮った写真などを使ってしまいがちですが、絶対にやめましょう。

使用する場合、市販されているフリー素材集やフリー素材サイトのものを使ってください。サイトの場合は必ず利用規約を確認し、商業利用が可能かどうか、クレジットの明記などを求められていないかどうかを確認してください。有名人の写真の場合は撮影者の著作権とともに、有名人の肖像権もかかってきますので、コピーしてきた画像などを絶対に利用してはいけません。

また、情報発信をする場合でも、他人が書いたものを部分的にでもコピーして使ったりするのはやめましょう。引用する場合には、引用元までしっかり明記する必要があります。

そこまで細かくしなくても……と思われるかもしれませんが、近年、コンプライアンス意識は高まる一方なので、当人などから指摘されなかったとしても、ひょんなことからＳＮＳで拡散されて大炎上というケースも珍しくありません。そうならないまでも、どこからかコピーしてきたような素材を使っていると、お客さまから「うさんくさい」という印象を持たれたりもします。

実際に効果があるとしても、広告に載せるのはＮＧ

もう1つは景品表示法や薬機法など、施術や商品に関するアピールです。「プランを利用すれば2キロは痩せられる！」「病気が治る」「肌が10歳若返る」など、根拠なく効果を提示することは景品表示法に違反します。同様に、エステ機器などで「シミがとれる」「細胞が活性化する」「免疫機能がアップする」など、効果効能を示すと薬機法違反になります。サプリメントや化粧品でも、効果効能を示すことはできません。

ビフォー・アフターの写真を並べて実際に効果を見てもらう方法もありますが、アフターの画像を加工して細く見せたり、肌を綺麗にしたりといったことも違反になる可能性が高いのでやめましょう。法令違反は実際に逮捕されたり、罰則が与えられることもあります。

ほかにも「この値段で受けられるのは今だけ！」と明記したけれども、実際には通年その値段であるとか、たびたび実施されているといったことも違反となる場合もあります。

広告物をつくる前には、ある程度、景品表示法や薬機法などを勉強してみてください。それでも自分がつくった広告物の表現が大丈夫かどうか自信がないという場合は、消費者庁などに問い合わせると、詳しく判断基準などを教えてもらえます。

2　ターゲットや状況に合わせて広告チャネルを使い分ける

リアルとウェブで分けて考える

お客さまを集めるためには宣伝をすることになりますが、その方法はターゲットに合わせて選ぶ必要があります。集客ツールは大きく分けると、リアルとウェブの2種類があります。

リアルは口コミ、ニュースレター、チラシ、パンフレット、リーフレット、ダイレクトメール（DM）、広告宣伝、雑誌、地域媒体紙、新聞などです。印刷をしてターゲットまでお届けする、もしくは手にとってもらえるところに設置をするので、目にしてもらえる機会は多くなります。

一方で、自分で制作しても印刷費用や配布費用など、コストは高くなりがちです。とはいえインターネットをあまり使わない客層がターゲットなら、リアルな広告物を利用するしかありません。

ウェブはポータルサイト、ブログ、メルマガ、プロダクトローンチ、ホームページ、SNSなどです。ホームページなどでもテンプレートを利用して、無料またはあまりお金をかけずにつくることができるので、コストは低く抑えられます。

一方で、より多くの人に情報を見てもらうためには、SNSでネットワークを広げる必要があり時間がかかるので、「今すぐ！」という状況には向きません。また、せっかくSNSで話題になることができたとしても、サロン周辺の人しか広告効果がないので非効率的とも言えます。

長所と短所を知り併用をする

このようにリアルとウェブにはそれぞれよいところも、悪いところもあります。ですから、どちらかに絞るわけではなく、上手に使いわけるようにするとよいでしょう。

たとえばサロンオープンなど初期のキャンペーンを打つのなら、ホームページやＳＮＳだけで宣伝をしても見てくれる人が少ないので、あまり効果がありません。こういった場合には、費用をかけてもチラシをポスティングするなど確実に見てもらえる方法を取るほうがよいでしょう。

だからといって定期的にチラシを配布するだけでは、新規顧客は頭打ちになります。チラシとは別にＳＮＳやブログなど、ウェブを使った情報を広く情報発信をするべきです。

最近では60〜70歳代の高齢者の方でもインターネットを活用していますから、ターゲット層にかかわらず、広告はリアルとウェブを併用するのが基本です。

3　チラシなどリアルの広告物制作のポイント

安っぽい印刷物は見てもらえない

リアルの集客ツールは、印刷や配布などウェブよりもコストは高くなりがちですが、その分、配布など能動的に届けるため、チラッとでも見てもらえる確率が高くなることは先に紹介したとおりです。

ただし、みなさんもポストを開けて、たくさん詰め込まれたチラシにうんざりしたことがあると思いますが、多くの場合、そのままゴミ箱行きです。安っぽいつくりのチラシはまず見てもらえないと思ってください。たとえばワードやパワーポイントなどで作成して、カラーコピーをするといったものだと効果がないばかりか、サロン自体の印象も安っぽくする可能性があります。

チラシであれば「Ｃａｎｖａ」（https://www.canva.com/ja_jp/）のような、テンプレートを利用してきれいにつくる、無料またはリーズナブルなインターネットサービスもあります。それをネット印刷にかければ、カラーコピーよりも安くすむはずです。

印刷の紙にはツルツルのコート紙と、ザラッとしたマット紙とがあります。チラシはほとんどがコート紙で作られているので、逆に、マット紙を利用すれば目を引くかもしれません。ただし、エステサロンなどで人の肌を美しく見せたいような場合はコート紙のほうが向いています。

マット紙を効果的に使いたいのであれば、ナチュラルな雰囲気に仕上げるのがおすすめです。

サロンのリーフレットなども同様に、安っぽくつくると店全体の印象が安っぽくなります。チラシのようにテンプレートによってつくるのは難しいかもしれませんが、上手につくれない人はプロに頼むのがおすすめです。

質の高いものをリーズナブルに依頼できる「ココナラ」（https://coconala.com/）「クラウドワークス」（https://crowdworks.jp/）のような仲介サービスを利用するのもよいでしょう。

プロに任せるのは自分の大切な時間を有効に使うことにもつながります。

サロンのイメージをつくる写真は美しく

リアルにせよ、ウェブにせよ、制作をするときに必要となるのが写真です。写真も２つに分けて説明します。

まずは撮影が必要となる写真。サロンの内観や外観、施術者であるあなた自身など。こういった写真が安っぽいとサロンのイメージもそれに引っ張られてしまうので、カメラマンに撮影してもらうのが理想的です。しかし、費用を抑えたいなら、自分で撮影するしかありません。

ミラーレスでも一眼レフカメラがあるなら、自然光を利用してアングルを工夫すれば、プロに近い撮影ができます。スマホでも最近のものなら、印刷してもきれいな写真が撮れます。写真は光で決まりますので、天気がよい日を狙って撮りましょう。

印刷する場合は、画素数が足りないとぼやけてしまいます。印刷物には解像度３００～４００ｄｐｉが適当だと言われていますので、設定を見直してみましょう。カメラによっては特大、大、中、小などのように表示される場合がありますが、特大はポスターサイズでも使えるような大きさなので、そんなに大きくする必要がなければ、大ぐらいで撮影しておけば問題ありません。一番大きなサイズで撮っておけば、大は小を兼ねるので困ることはないのですが、メモリー残量がすぐにいっぱいになりますし、保存しておくのも大変です。

印刷用に撮った写真をそのままネットに使うと、ページが重くなってしまいます。画像のサイズを小さくして使用しましょう。インターネットで「画像　縮小」といったキーワードで検索すると、簡単にダウンサイズできるサイトが見つかります。

撮影する必要がないイメージ的な写真は、ストックフォトを利用しましょう。無料で使えるものもたくさんあります。「unsplash」(https://unsplash.com/)は海外サイトなので、英語での検索が必要となりますが、おしゃれでエモーショナルな写真が多く揃います。施術イメージなどの写真が欲しければ、「写真ＡＣ」(https://www.photo-ac.com/)なども。無料会員だと1日のダウンロードや検索数に制限がありますが、便利な写真が多くあります。

無料にこだわらなければ、リーズナブルで使いやすいストックフォトサイトはたくさんあります。また、ケア方法や肌図などイラストもストックフォトサイトに揃っています。「写真ＡＣ」の姉妹サイト「イラストＡＣ」(https://www.ac-illust.com/)なども便利です。

ただし、これらの素材はサイトによって、使用条件が異なる場合があります。使用する前に必ず利用規約を読み、商業利用可能かどうか、クレジットは必要ないかどうかといったことを確かめてから使用するようにしましょう。

写真やイラストは視覚的アピールが強いので、多少のお金はかけてもきれいなもの、安っぽくないものを用意するようにしてください。サロンのイメージをつくるだけではなく、自分自身のブランドイメージもつくります。サロンワークだけではなく、あなたのブランドイメージが先行し「あなたとつながりたい」「お任せしたい」といった信頼材料にもなります。

もう1つお伝えしておきたいのは、事業をするならばＳＮＳやブログのプロフィールには、自分の顔写真を使いましょう。これは相手が見えないことで、不安が生まれないようにするためです。もし副業スタートで顔出しがＮＧの場合でも後ろ姿や斜め後ろ向きの、顔が正面を向いていない写真を使いましょう。写真があるのとないのとでは印象がずいぶん違います。

パッと見でわかるキャッチコピーを

チラシの反応率は０・０１〜０・３％だと言われています。つまり１０００枚配ってレスポンスは０人から多くて３人。できるだけ３人のほうに近づけたいものです。そのためにまずは目を通してもらわなければいけません。そこで重要となるのがキャッチコピーです。

キャッチコピーはその店の特徴やセールスポイントを表すコピー。チラシを手に取って、捨てるか目を通そうか決めるまではほんの数秒。その間に自分に関係のあるものだと認識し、何かベネフィットがありそうだとわかってもらわなければいけません。そのためには、どのようなコピーがよいのでしょうか。

「整体院がニューオープン！」

自分にとってニューオープンは一大事だとしても、これではよほど体の不調に困っていて「近くに整体院でもできないかな」と思っていた人でなければ見てもらえません。

「独自の仙腸関節調整技術でＯ脚を改善」

ではどうでしょう。漢字が多くてパッと入ってきませんし、それがたとえどんなに画期的な技術だったとしても、美脚になりたいと願っている人には届きそうにありません。

一般的にレスポンスが高いのは、お悩みや要望に対してのベネフィットを打ち出すことです。

ただし、先に説明したようにコンプライアンスは守らなければいけないので、たとえばダイエットサロンだとしても、「夏までに2キロ減をお約束します！」といった根拠のない効果を謳《うた》うことはできません。具体的な数値を出したいのなら「夏までにあと2キロ痩せたいと思っているあなたに！」というような呼びかけにしてみるとよいでしょう。

このようなコピーなら、痩せたいと思っている人には目につきますし、2キロ痩せるとは書いていませんが、受け取り手は勝手にそのように感じ取ってくれます。

ただし、ダイエットサロン系のチラシは見慣れているため、同じような路線をいっても「またか」としか思ってもらえない可能性もあるので、その点は注意してください。

4　チラシなどのリアルな広告物をどうやって届けるか

ターゲットに合わせて配布方法を考える

チラシをつくって、それを広く配布するには次の3つの方法が一般的です。

・新聞折り込みチラシ　・ポスティング　・ビラ配り

新聞折り込みチラシは、確実に届けたい地域の家に届けてもらえます。毎回必ずチラシをチェックしているという人もいるので、目に留まる確率は高いといえるでしょう。しかし、特に若い人などは新聞を取っていないことも多いので、ターゲットを考えてみる必要があります。費用が高いので、しっかりターゲットに合致していないとコストパフォーマンスがとても低くなってしまいます。

ポスティングは新聞折り込みチラシと同様に、特定のエリアに届けることができ、予算がなければ自分で行うことができるので手軽です。

ポスティングの有料サービスの1つには、「タウンメール&タウンプラス」もあります。特定の地域を指定し、エリア内全世帯を対象に配布物を配達するサービスです。サービスの一環として、ＧＩＳ（地理情報システム）分析を提供しています。年代や年収、家族構成などの統計データを使い、ターゲットが多く住むエリアにピンポイントで配達ができます。自分でチラシの配布エリアを絞り込めないときには活用するのもよいでしょう。

ビラ配りも自分で行うこともできますが、警察署で道路使用許可書を取らなければいけません。その点はひと手間ですが、ビラ配りでは周辺に居住している人だけでなく、通勤、通学してきている人にもアプローチできる点が新聞折り込みチラシやポスティングとは違う点です。

配ってもなかなか受け取ってもらえませんが、「肩こりや腰痛を根本からケアするサロン、ニューオープンです」など、店舗情報や「お得なクーポンをお配りしています」といったことを声に出しながら配れば、興味がある人は受け取ってくれるので、逆に無駄になるチラシが少なく効率的と言えるでしょう。

様々な方法を試してレスポンスを比較する

チラシのレスポンスは曜日によって異なります。一般的には土日に配ると集客がよいと言われていますが、業種や地域によっても異なりますし、ライバル店も同じ曜日に配っているのなら他の曜日のほうがよいかもしれません。

これればかりは実際に配ってみなければわかりません。はじめのうちはチラシを配布する曜日を変えてみて、いつ配るのがよいのか検証してみましょう。自分でポスティングするなら1日では周りきれないので、必然的に地域によって配布曜日が変わってきます。それを控えておいて、実際にお客さまが訪れたら検証してみるとよいでしょう。

また、チラシのテイストも毎回変えてみましょう。少し前まで、チラシではズバッと効果を見せる泥臭いアプローチが定石でした。たとえば「たった10分で5歳若返る！」といったコピーとともに、年取った写真と若返った写真を並べるといったものです。

しかし、最近ではこのようなコンプライアンス意識のないチラシは怪しまれる傾向が強く、きれいにつくったイメージ広告のほうが好感度が高いという傾向がでてきています。とはいえ、これも地域とターゲットによりますので、コンプライアンスは守りながらも泥臭くつくったチラシと、きれいなイメージをメインとしたチラシとでレスポンスを比較してみましょう。

ポスティングやビラ配りは自分で行えば、その分、費用を抑えることはできます。しかし、そこに膨大な時間を使ってしまうと、ＳＮＳなどの情報発信やキャンペーンなどの戦略を考えるといった、事業の大切な部分がおろそかになってしまいます。

実際に配布を業者に頼めば支出となりますし、ＳＮＳなどで情報を発信してもすぐにお金になるわけではありませんので、開業当初などは自分でやって少しでも経費を抑えたいと思うでしょう。長い目で見て、どちらのほうが事業拡大につながるのかを考えてみる必要があります。

5　ウェブを使った広告の柱となるホームページ

自分のスキルを考慮して選ぶ

ウェブ広告のターミナルとなるのは自社ホームページです。ＳＮＳを使えばよいと思われるかもしれませんが、ＳＮＳはホームページに誘導するためのものです。ですから戦略的に不要でなければ必須だと思ってください。

「アメブロ」など既存のブログサービスをホームページに利用している人もいますが、こういったブログはトップページに掲載すべき情報を固定しづらく、お店のホームページだとわかりづらいのでおすすめしません。ＰＣ上ではある程度情報を発信することができるのですが、スマホではそれがあまり反映されない場合がほとんどです。

現在、プライベートにおける情報検索で使われるデバイスは圧倒的にスマホが多いので、スマホで情報がわかりづらいなら、そのサービスは除外したほうがよいのです。また、このようなブログを利用する場合、会社の事情によりサービス停止されてしまえば、それまで蓄積してきた情報も消えてしまうということもリスクです。

多少のＩＴ知識がある人にはWordPressが人気

ブログでも「WordPress」を使用すれば、自由度が高いホームページをつくることができます。ブログサービスなどを利用するよりもつくるのは難しくなりますが、テンプレートを使用すればそこに写真や情報をはめこんでいく形でつくることができます。わからないことがあっても、「WordPress」は利用者が多いので、ネットで検索すればだいたいのことは解決できるのも利点です。

とはいえ「WordPress」は自分でサーバーを契約してダウンロードし、必要なテンプレートやプラグインソフトを加えてつくらなければいけないため、もともと多少はパソコンに慣れているという人でなければ難しいかもしれません。

ブログサービスと「WordPress」の中間のような存在がホームページ作成サービスです。「Ｗｉｘ」(https://ja.wix.com/)、「Ｊｉｍｄｏ」(https://www.jimdo.com/jp/)「ペライチ」(https://peraichi.com/)などがあり、中にはスマホだけでも使えるサービスもあるので手軽です。

無料プランもありますが、色々と制約があり、大きなデメリットとしては独自ドメインが取得できません。店名や社名と同様のドメインというのは、ビジネスの信頼度にもつながります。年間数千円程度と高くはありませんので、そこは惜しまず取得するようにしましょう。

認知度を広めるためにＳＥＯ対策を

ホームページの大きな目的は、見つけてもらうことです。たとえば肩こりを解消したい人がネット検索をしたときに、上位になければ見てもらえません。多くの人は検索したときに開くサイトはだいたい最初の1ページ目に載るものだけです。検索上位に上げるための対策が必要となります。

その対策のことを「検索エンジン最適化（Search Engine Optimization）」頭文字をとってＳＥＯといいます。検索順位というのは、各サーチエンジンの基準に準じています。複数ありますが狙うのはグーグルだけで大丈夫です。日本のサーチエンジンのシェアはＰＣでもスマホでもヤフーとグーグルで９割を超えるからです（ヤフーはグーグルのサーチエンジンを利用しています）。

グーグルでは平たく言えば、「きちんとホームページをつくっていて、閲覧者に有益な情報をもたらすサイト」が検索上位に上がるようになっています。ですからホームページにブログを付随させて、ためになる情報を発信していきましょう。ブログからお客さまを獲得することもできます。

また、グーグルでＳＥＯ対策するには、常時ＳＳＬ化しないといけません。アメブロなど既存のサービスを利用するのであれば問題ありませんが、自分でサーバーを借りて運用するような場合はＳＳＬ化してください。ＳＳＬ化されているかどうかは、ＵＲＬを見ればわかります。ＳＳＬ化していないＵＲＬはｈｔｔｐで始まりますが、ＳＳＬ化するとｈｔｔＰｓになります。

ＳＥＯ対策はそれだけで本が何冊も書かれているほどなので、ここでは簡単にしか述べませんが、新規顧客獲得のためにはとても重要ですので、しっかり勉強をしていきましょう。

6　ホームページ作成のポイント

3秒間で有益な情報があると思わせる

ホームページにおいても広告物同様、写真のクオリティなどはリアルの広告物と同様に重要です。チラシを見て、人が読もうかどうか決めてくれるまではほんの数秒と言いましたが、ホームページも同様で、開いてからよく見てみるかどうか判断するまでは3秒程度だと言われています。

安っぽかったり、見づらかったりするホームページは離脱される可能性が大きくなります。シンプルでもきれいにつくり、写真とコピーというビジュアルでターゲットに訴えかけてください。

ホームページも広告物と同様に試行錯誤を繰り返して最適化していきます。ホームページを作成したら、必ず解析できるようにしてください。「WordPress」であればグーグルアナリティクスを利用することで、ホームページにどこから来たのか（ＳＮＳ経由なのか、検索エンジン経由なのか）、どのページを見たのか、何分滞在したのかといったことがわかります。こういった結果を見ながら修正をして、正解を探していきましょう。

また、ホームページには必要な情報が漏れなく掲載されているということも重要です。最低限、次の情報は入れるようにしましょう。

・店名（あればロゴも）

・住所（県名から入れる。最寄り駅も●●鉄道○○線△△駅と誰が見てもわかるように）
・地図（つくれなければグーグルマップなどの引用でも）
・電話番号（電話受付時間と、施術中は出られないので留守電にメッセージを残してくれたらかけ直すといった情報も）
・営業時間（受付時間）
・定休日
・メニュー
・施術者の紹介（写真入りで）
・予約が必須かどうか

これらの必要事項はわかりやすく表示することが重要です。インターネットはいくらでも情報を掲載することができますが、情報量が多すぎてもゴチャゴチャした印象を与えて離脱率が上がります。伝えたいことをできるだけコンパクトにして、まっすぐ届けるということを意識しましょう。

7　ＳＮＳの活用法および注意点

ＳＮＳでは何を発信すべきか

今の時代、商売をするならＳＮＳは無視できません。

ＳＮＳで重要なのは、とにかくコツコツと日々更新をするだけでなく、フォロワーを増やすための活動をするということです。全国をターゲットとするＥＣであれば、フォロワーはとにかく増やすだけでよいのですが、実店舗営業での集客を目指す場合は、いかに活動エリア内の人にフォローしてもらうかを考えなくてはいけません。

たとえば地元のお店のアカウントがあれば、積極的にコメントなどをして仲良くなり、「実は自分もこの地域でサロンを運営しています」というようにアピールするのも1つの方法。地元のニュースなどを掲げている人などもチェックしましょう。

また、ＳＮＳで発信することには一貫性を持たせることも重要です。たとえばヒーリングサロンとして運営しているアカウントなのに、日々、今日食べたランチなど日記のような内容では意味がありません。もちろん店舗周辺のランチ情報などを「戦略的に」出すのはかまいません。しかし、あくまでもビジネスアカウントである意識を忘れないでください。

発信すべき内容としてはサロンの情報はもちろんなのですが、いつも宣伝ばかりでは次第に見てもらえなくなります。あなたの専門ジャンルで、多くの人に役立つ情報を発信していきましょう。

このように発信するテーマを絞っていると、炎上リスクも低くなります。それでも「有名人の○○さんもやっている」など安易に特定の人物名を出すとか、政治や宗教など、炎上しやすいテーマには触れないよう注意してください。

基本的にはネガティブなことは書かないように意識を。たとえば長雨にうんざりしていても「雨がうっとおしい」と発信するよりも「雨音で心が落ち着く」とか、「室内干しでも洗濯物が臭くならない方法」など、ポジティブな方向に転換するよう心がけましょう。もちろんその雨によって遠方でも被害が出ているような場合は別です。そのような状況においては、話題として触れないのが無難ですが、触れるとしても被害に遭われている方を気遣う一文が必要です。

インターネットで情報を届けることの難しさは、日本中、世界中の人が見る可能性があるということ。生活を送る上で、半径数メートルのことしか気にしていないことが多いですが、自分が発した情報は誰が見るかわからないということを忘れてはいけません。

正しい情報かどうかを精査する力を

健康を扱う仕事として、情報を発信する際に十分に気をつけてほしいのは、正しい情報なのかどうか精査するということです。健康・美容情報を発信するためにインターネットで調べることが多くなると思いますが、ネットの情報が必ずしも正しいとは限りません。参考にするのであれば、行政や大手メーカー、研究機関などの公式サイトや論文などにしましょう。

とはいえ研究機関も色々とありますし、論文も権威性の低い雑誌に掲載されているものは信ぴょう性が低い場合があるので、最終的には自分でしっかり考えるということが必要です。そうでないとニセ医学・疑似科学の片棒を担ぐ可能性があるからです。

自然療法などでは妄信的になりすぎると、医療を敵視してクライアントを囲い込み、医療から切り離そうとする人たちがいます。しかし、がんになって代替医療を選択すると、死亡率が5倍以上になるという研究結果も出ているように、病気になったとき第一選択は標準医療であることは間違いありません。セラピーはあくまでも医療で補いきれない心や痛みなどをケアする補完ケアです。

クリスタルでさするとがんが消えるとか、温めるだけであらゆる病気が治るとか、ハーブで毒素を抜き取るとか、冷静になればどれもあり得ないことだとわかりますが、偏った情報ばかりに触れているとわからなくなってしまうのです。

まず、医療でもないのに「がんが治る」「パーキンソン病が治る」など、病気が治ると断言しているものはすべて信じるべきではありません。また、シャンプーなどが毛穴を通して体内に入り健康を害する「経皮毒」など、ありもしないことを鵜呑みにして拡散しないよう注意してください。

ネットを使って情報拡散を狙う以上、ネットリテラシーを高める努力が必要なのです。

8　ＳＮＳはどれを活用するのがよいか

代表的なＳＮＳから最適なものを選ぶ

様々なＳＮＳの中でも、代表的なのがツイッター、インスタグラム、フェイスブック、ラインの4つです。これらとブログを関連させて情報を発信していきます。

すべてを使うのが理想ではありますが、手が回らずどれも中途半端になってしまうのであれば、ターゲットに合わせて選択して運用しましょう。

ツイッターは若い人に向いている

何かをきっかけに一気に認知度が上がりやすいのは、ツイッターです。「いいね」をした投稿がフォロワーにも共有されるからです。

ツイッターはたくさん投稿をしないと、埋もれてしまう傾向にあります。後から紹介するインスタグラムのように、必ずしも画像を用意する必要はないので、お役立ち情報などをどんどんと発信していきましょう。ただし、ツイッターは利用者層が若い傾向があります。中高年をターゲットにしている場合には、うまくプロモーションできない可能性があります。

インスタグラムはトレンド性が高く女性ターゲット

インスタグラムは画像や動画でアプローチしていきます。ネイルサロンなら仕上がりのネイル、カラーセラピーならカラーボトルなど、きれいな写真を撮りやすいと思いますが、そうでない場合は、イラストを使用するなど、色々と工夫してみましょう。

また、インスタグラムの場合、「いいね」がフォロワーに共有されません。そのためハッシュタグ検索で見てもらうことが大切。関連性のあるハッシュタグをたくさんつけましょう。一方で、先ほど紹介したツイッターの場合は文字数が少ないため、ハッシュタグをつけるとしても数個です。

インスタグラムの場合、女性の客層にアプローチするのは向いていますが、男性ターゲットならツイッターなどほかのSNSのほうが優先順位は上です。

フェイスブックはコミュニケーションの場に

フェイスブックはツイッター同様に何かの投稿がバズって、一気に拡散されることもありますが、それは意外とレアケースです。誰かをフォローしようと友達申請をしても、まったく知らない人やお店からの申請だとなかなか承認してもらえません。

とはいえ、フェイスブックはほかのSNSと違いSEO効果が高いです。インターネット検索をされた語句を含んでいると、検索上位に上がりやすい特長があるので、まったく使わないのはもったいないところです。

無料の範囲では集客には向きませんが、フェイスブック広告はしっかりセグメントされたターゲットへ表示されるので、効果が高いと言われています。また、インスタグラムはフェイスブック社が運営しており、インスタグラム広告を使いたい場合にもフェイスブックアカウントが必要です。

そして、フェイスブックユーザーには、ビジネスパーソンが多い特徴があります。自分のターゲット層が学生なのか、主婦なのか、起業家などのビジネスパーソンなのかによって、有効度が変わってきます。

ではフェイスブックはどうやって使うかと言うと、実際に交流会などでリアルに出会った方々と

【図表 11　SNS の利用率】

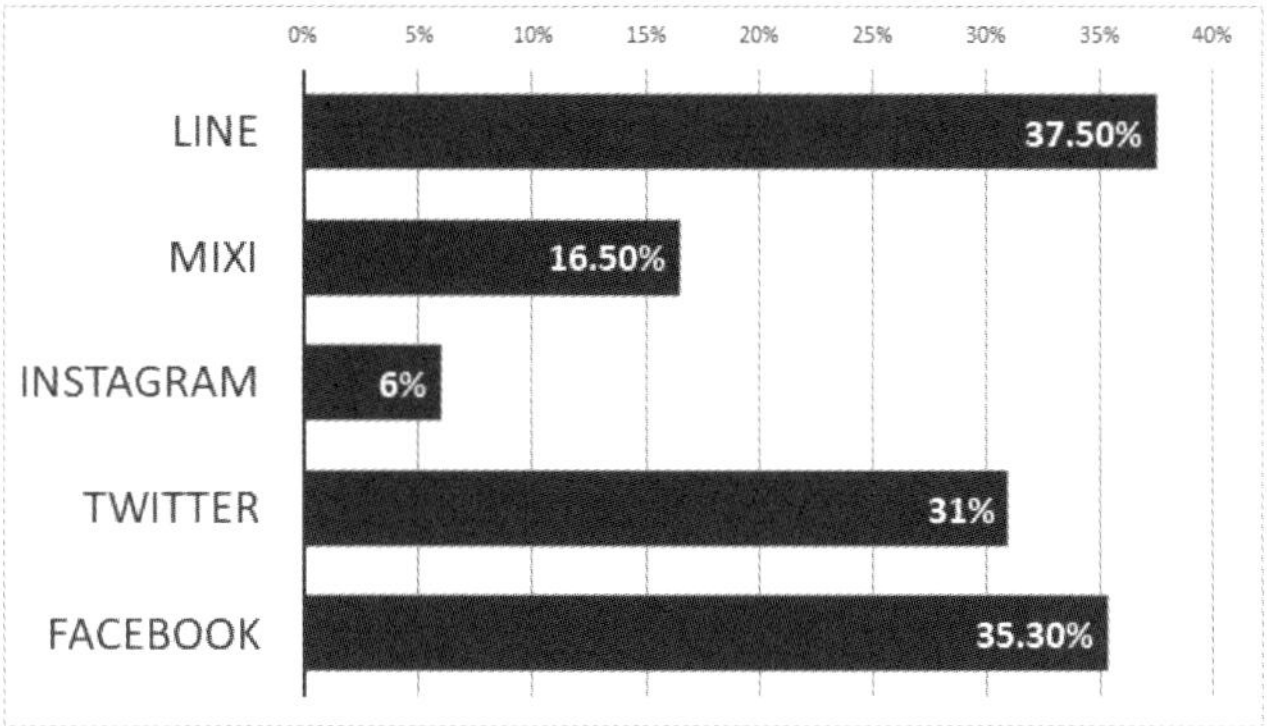

（出典）総務省「社会課題解決のための新たなICTサービス・技術への人々の意識に関する調査研究」（平成27年）

の情報のやり取りの場としたり、サロンを中心としたコミュニケーションの場として利用したりするのに向いています。

そこまで手が回らないというのであれば、インスタグラムにアップした内容をそのまま自動でフェイスブックにポストする機能もあるので、そのように運用するのもよいでしょう。

ただしフェイスブックは投稿が多すぎても、煙たがられる傾向があります。インスタグラムをこまめにアップするという人は、自動投稿機能は使わず1日1〜2投稿を選んで、フェイスブックにもポストするようにしたほうが無難です。

ラインはウェブとリアルの中間的存在

ラインはキャンペーン情報などを流したときに有効率が高いＳＮＳだと言われています。とはいえ、基本的には拡散などでフォロワー（友だち）を増やすのではなく、何かしらのツールから能動的に登録してもらわなければいけません。ホームページに友だち登録ボタンを設置しておき、ライン友達限定のキャンペーンやサービスの告知や、実際に来店してもらったときに登録してもらえるような仕掛けづくりをしましょう。

ラインにはショップカードという機能があり、来店スタンプやそれに応じたクーポン配布などができ、実店舗での運用に向いているSNSと言えます。予約なども電話をかけるのは躊躇してしまう人でもラインなら気軽にできるという声も多いので、ぜひ導入してみましょう。

ブログはSNSの情報の柱に

ブログではお役立ち情報などをまとめていくのがおすすめですが、こんなブログをアップしましたとSNSにアップすることも1つの投稿になります。そこからブログにきてもらえれば、ショップへのアクセスとしてカウントされます（ブログがサロンのホームページ内にあれば）。もっともSNSではそのブログを「読んでみたい」と思わせなければいけませんので、内容をあまり詳しく書いてはいけません。「なぜかモテる女性の秘密とは……」というように、触りだけを書いて誘導するのが基本です。SEO対策になりますし、その際にキャンペーン情報などをチェックしてくれる可能性もあります。

また、ブログにまとめるために調べたことを少しずつ小分けにしてSNSに投稿することもできます。

9　オンライン講習会を開く

ゴールは定期課金のオンラインコミュニティー

第3章で自分の講座を開くことをおすすめしましたが、対面講座とともにオンライン講座の開設も検討してみましょう。オンライン講座は対面講座の代用ではありません。周辺サービスを組み合わせれば、大きな権利収入をつくり出す可能性がある新しいビジネススタイルです。

オンライン講座のビジネス設計をするときは、ゴールから設計していきましょう。目指すべき最終の形は、会員の有料コミュニティー（オンラインサロン）における継続課金です。近年、オンラインサロンがブームとなっており、大小様々なサロンができています。

オンラインサロンはサロン主宰者だけでなく、メンバー同士がつながれることが特長です。オンライン講座では対面講座のように、同じ志を持つ人たちが集まることができないのがデメリットですが、こうやってオンラインサロンを開設することで、横のつながりをつくってあげることができます。

先にも書いたようにくじけそうになったとき、夢を共有できる仲間がいるというのは大切なことです。もちろんサロンおよび講座の主宰者として情報を提供する場にもなり、あなたを中心とした夢を叶えたい人たちの交流のスペースとなるのです。

オンラインサロンは「ＺＯＯＭ」や「ChatWork」など様々なツールで行われていますが、ＳＮ

Sによる宣伝からの動線で考えるとフェイスブックやインスタが使いやすいと思います。

ゴールまで導くためのフロント講座

オンラインサロンの手前には、オンライン講座があります。講座を1本に絞るのか、発展させてステップアップ式にするのか、いくつ講座をつくるのか。展開の仕方はじっくり考えて決めてください。いずれにせよ本講座の前には、本講座に呼び込むためのフロント講座、いわゆるお試し講座をつくるようにしましょう。これは対面講座も同様です。

近年、新型コロナ感染拡大の影響を受けてリモートワークではない人でも、ZOOMを利用する人が増えています。ですからフロント講座にせよ本講座にせよ、ZOOM利用にすると受講者にとっても手軽です。どんなに使いやすいアプリやソフトでも、初めて使うツールは抵抗があるものです。ですからZOOMの普及はオンラインでビジネスをしたい人には大きな追い風といえます。

フロント講座は2時間程度で完結するコンパクトなものであり、小さなゴールでも何かを達成できる内容としましょう。達成感を味わうことで、自分が本当に目指す目標にも達成できると感じられる、つまり本講座を受けてみようという動機づけになるからです。

また、この際、一緒に受講する人たちとのコミュニケーションをオンライン上でも体験させてあげることが大切です。これをきっかけとして最初に設定したオンラインサロンというゴールまで誘導することができます。

【図表 12　オンライン講座のつくり方】

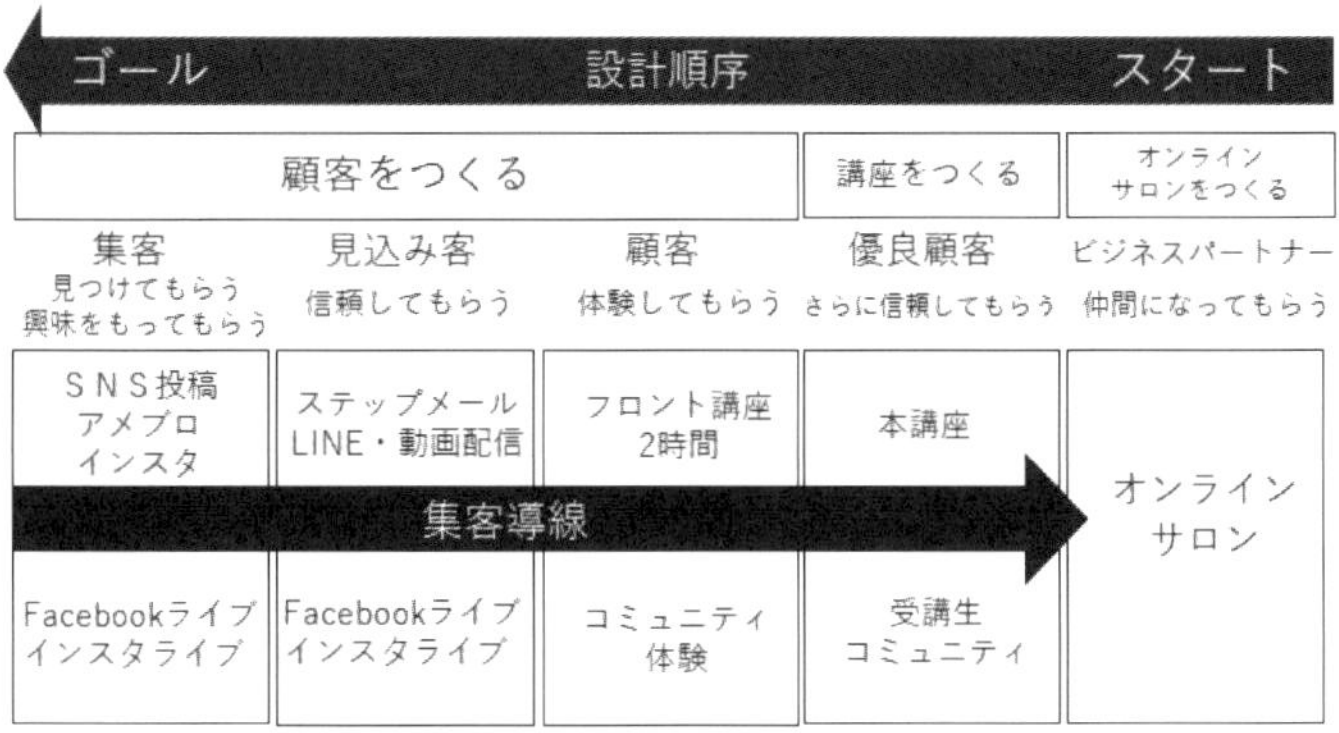

参考：前田出　「オンライン講座構築」より

ゴールから設定することでＳＮＳの役割も浮き彫りになる

フロント講座に動員するためには、まずは無料コミュニティーへ参加を促しましょう。無料コミュニティーは先にも紹介したように、フェイスブックがおすすめです。

そしてこのコミュニティーに動員するためのツールが様々なＳＮＳやブログです。フェイスブックやインスタの無料ライブなど、イベントを開催しながら集客していきましょう。

このようにオンライン講座に限らず、仕事の仕組みを考えるときには、ゴールを設定してそこから掘り下げていくと、すべての動きがゴールにフォーカスされるため無駄がありません。

とにかくやらなければとやみくもにＳＮＳを始めてしまうと、途中で何を発信すればよいのかわからなくなって息切れしてきます。

このようにゴールから設定して「何のためのSNSなのか」ということを明確にして、SNSも設計してください。

ITを味方につけることがリスクに強い事業のカギ

新型コロナウイルス感染拡大による全国的な自粛の流れによって、セラピー業界は大きな打撃を受けました。心身いずれにせよ、セラピーというのは基本的にクライアントと近づく仕事だからです。多くの人が不安にかられ、身体的にも疲労を蓄積させていてニーズがあるにもかかわらず、仕事をすることができないのはとても歯がゆい思いです。

今回の騒動が収束したとしても、いずれまた、このような危機は起こり得ます。ウイルスや細菌が広がるリスクだけでなく、異常気象や災害など、様々なリスクがあります。そんなときでもオンラインで仕事ができると状況がまったく変わってきます。

整体などフィジカルなセラピーを行う人は、オンラインでまったく同じことをするのは無理ですが、たとえばセルフ整体を遠隔で指導するなど、離れていてもできるメソッドを構築していきましょう。

今後ますますリモートワークに役立つツールやシステムが充実してくるはずです。ITに苦手意識を持っている人も多いですが、「本気」になればたいがいのことはできます。安定した事業のために、ぜひITを味方につけてください。

第6章　やるべきことを習慣化するマインド

1　何があっても平常心でやり抜くビジネスマインド

やる気と本気は似ているようでまったく違う

先にセラピストマインドをご紹介しましたが、事業を行う上ではビジネスマインドを併せ持たないといけません。ビジネスマインドとは一言で言えば、「信念」です。「必ず夢は叶う。それまではやり続ける」という思いです。

ビジネスでは日々、様々なことが起こります。しかし、そのたびに一喜一憂するのはおすすめしません。もちろん、いいことがあれば喜んでもかまいませんが、喜びすぎてその話が流れてしまったときに、やる気が失せてしまうことにつながりかねません。先にも言ったように、経営者の仕事はリスク管理ですから、そのいい出来事がもしなくなってしまった場合についても備えておく必要があるのです。

逆によくないことが起こっても、どう対応すればよいのかを考え、なぜそんなことが起こったのかの原因と次につなげる改善策を考えればよいだけです。それにやる気をくじかれて、スピードダウンしてしまうことがないようにしてください。

よくないことが起こるとすぐにパワーダウンしてしまうのは、あなたがまだビジネスに対して「やる気」になっているだけだからです。なぜ、やる気ではダメなのかと言うと、やる気は盛り上がったり失せたりするからです。

ビジネスを成功させる上で大切なのは「本気」になることです。本気には、揺るがない信念があります。たとえばあなたの大切な人が病気になってしまい、広大な草原の中にたった1株だけある野草を1週間以内に見つけなければ死んでしまう状況になった場合、あなたは本気になるのではないでしょうか？　最初は一生懸命探すけれども、誰も協力してくれないからとか、お目当ての野草かと思ったら違ったからと、意気消沈してしまうなんてことはないはずです。

「何が何でもやり抜くんだ」という信念。それがあれば、まず言い訳などしなくなります。「どうしても疲れていて」「子どもに手がかかって」「よくわからなくて」。本気の人から見たら「だから何？」という答えしか返ってきません。「じゃあ、やらなきゃいいんじゃない」と。

周囲の声が気になるうちはまだ本気ではない

また、本気になると、いい意味で周囲の声が気にならなくなります。何か新しいことを始めようとしたり、夢をもって頑張り出したとき、ネガティブなことを言う人は必ずいます。多くの場合はあなたを心配する声です。「安定を捨ててまでやらなくても」「家族が可哀想」「そこまで頑張らなくても」といったことです。

しかし、本気の人は「ありがとう、でも大丈夫」と進んでいきます。なぜなら、安定を捨てるほどの価値があり、その夢を叶えることは家族も幸せにすることがわかっていて、そのためにはそこまで頑張る必要も価値もあるからです。

本気の人は夢を叶える脳になっていますが、周りの人はそうなってはいません。いくら説明してもわかってはもらえません。ですから、そこはさらっと流して、それでも頑張り続ける姿を見せるしかないのです。するとそれまで反対していた人たちも、応援してくれるようになります。

よく、周りの人が応援してくれない。応援してくれたら頑張れるのに、という人がいますが、まったく逆です。反対されても頑張り続けるからこそ、人が応援してくれるようになるのです。それまでは孤独でも頑張り続けるしかありません。

とはいえ、本気の人は応援してくれようと、くれまいと気にしません。応援してくれたら嬉しいけれど、応援してくれなくても頑張る。それぐらいの気持ちが必要です。

2　明日ブレイクスルーポイントを迎えるかもしれない

成果はある日突然ブレイクする

自分のビジネスを始めると、特別な例を除けば、収益化するまでに時間がかかります。それまでは稼ぐどころか、それまでの蓄えからの持ち出しになりますし、ここまでやれば収益化という目安もありません。しかし、ＰＤＣＡを回し続けていれば、必ず結果は出ます。それも、突然にです。

【図表13　ブレイクスルーポイント】

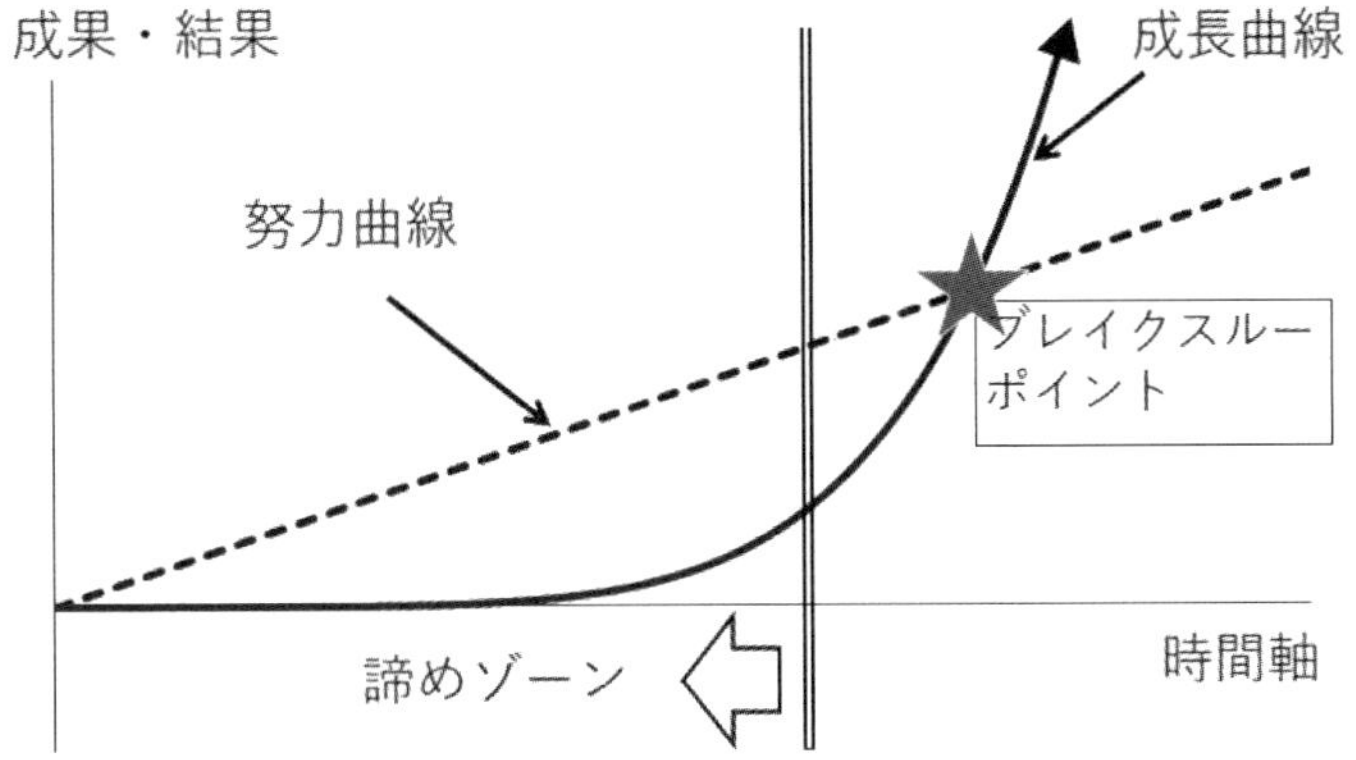

多くの人は少しずつお客さまが増えていって、着実に売上を積み重ねて徐々に黒字化するというイメージを持っています。実際に、そういうパターンの人もいます。

しかし、売れっ子セラピストはだいたい「それまで鳴かず飛ばずだったのに、あれよあれよという間に人気店になった」というようなことを言います。

このように横ばいに近かった売上や集客が、突然グンと盛り上がるときをブレイクスルーといい、成長曲線が努力曲線を超えるとき、つまりやってきたこと以上に成果が出るようになるときをブレイクスルーポイントといいます。この上昇の兆しを感じるまでは、不安で孤独な闘いです。

それまでの人生の経験からは、やればその分の成果が上がると期待します。勉強もサラリーもそうだったからです。そのように自分が起こした行動に対して、これぐらいはあるだろうと期待するラインは思い描くより低く、

【図表14　集客基盤と戦略のステップ図】

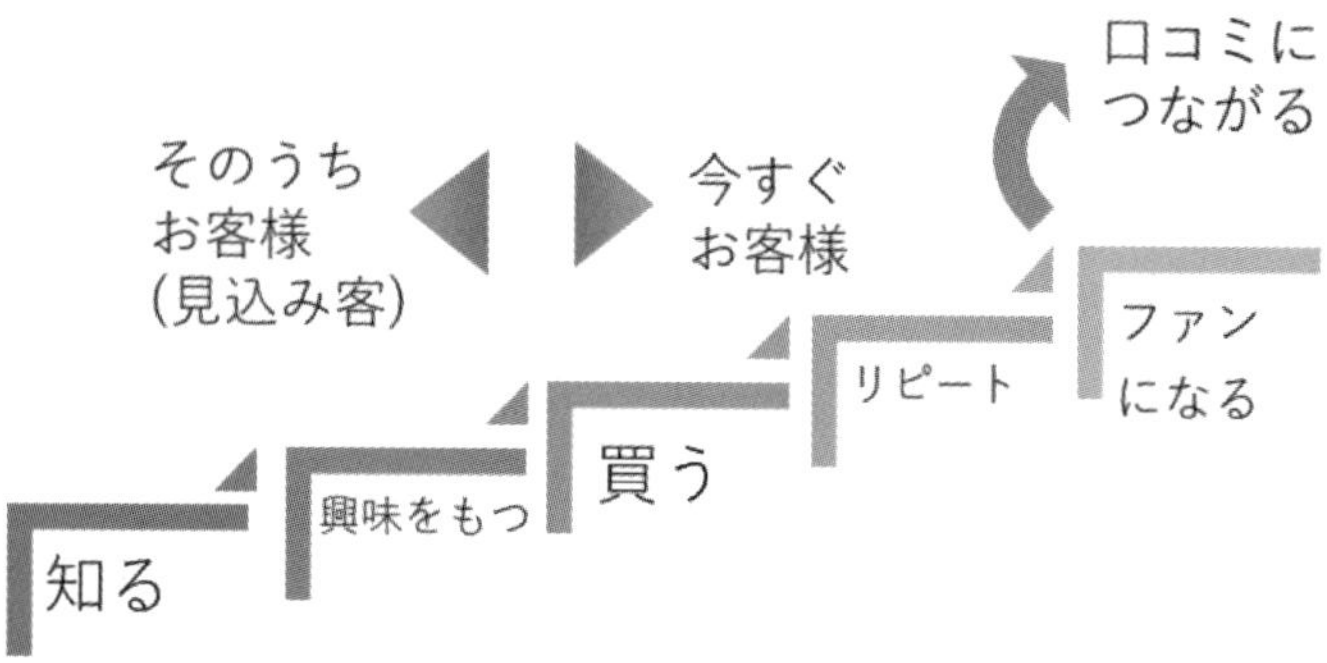

実際に得られる成果はしばらく下回り続けます。

やってもやっても、それが数字に結びつかないことでモチベーションが下がって結局足が止まってしまい、そのまま……。そこで終わらないまでも、やってみる↓反響がない↓落ち込んでしばらく足が止まる↓また何とか頑張ってみる↓反響がないことを繰り返している人はとても多いのです。

しかし、それでは余計にブレイクスルーは遠くなります。なぜなら、あなたがそれまでにコツコツと積み上げてきたアプローチがリセットされてしまうからです。

同じ情報に触れるたびに親近感が高くなる

人は何度も同じものを見たり接触する機会が増えると好感度、親近感が高くなるのですが、間が空いてしまうことで以前に見たり接触したことを忘れてしまい、その効果が得られなくなります。

このような心理効果をザイオンス効果または単純接触効果と言います。このような効果が働くのは人に対してだけでなく、無意味な図形においても見た回数が多いと好印象が残ります。

このザイオンス効果を巧みに利用しているのがテレビCMです。洗剤でも、調味料でも、飲料でも、なぜそれを選んだのかと考えてみると、何度もテレビで見たからというものがたくさんあるはずです。

みなさんも、何度ちらしを配っても、まったく反響がないと落ち込んでいるかもしれませんが、あと1回でそのザイオンス効果が満たされて「じゃあ行ってみようかしら」と行動を起こしてくれるのかもしれません。今は一生懸命、見込顧客をつくっている段階です。

やってもやっても何も効果がないわけではありません。着実に見込顧客を増やしているのです。それは目には見えませんが、イメージして続けてください。やったり、やらなかったりを繰り返していると、このような未来のお客さまを逃してしまうということを忘れずに。

ザイオンス効果を得るためには、同じものを何度も見てもらう必要があります。ロゴなどのトレードマークとなるものは、必ず広告に入れてください。また、あなた自身の写真も入れたほうがよいでしょう。

ただし、10回接触しても効果がなかった人は、それ以上アプローチしても効果がないこともわかっています。その場合には接触の方法か、接触すべき人を間違えていると考えられるので、思い切った方向転換が必要かもしれません。

3　やるべきことを習慣化するまでのステップ

やるべきことを続けられるようになるまでには5つの壁がある

それまで成功していなかった人が成功するためには、それまで知らなかったことを知り、最終的にはそれを習慣化してやり続けることが必要です。

成功者にその秘訣を聞くと、口をそろえて言うのが「やるべきことを愚直なまでに続けること」です。それが最初にお話した、信念であり、本気なのですが、では本気になって何をするのかと言うと、５つの壁を超えることが必要となります。

「知らない」を「知る」に変える【知識の壁】

知らないことを知るに変えるのは、何を知らないのかを知らなければいけないというのが難しいところです。つまり、受け身では自分が知るべきことがわかりません。とはいえ、能動的に何かを調べ始めれば、自分が知らなかったことがたくさんあることがわかってきます。それを１つずつ、じっくり調べてみることから始めてみましょう。

はじめは知らないことがあって調べたら、その説明を読むためにまた調べなければいけないことが出てきて、まったく前に進まないことがあるかもしれません。特にそれまでＩＴ系に無縁だった

【図表15　5つの壁】

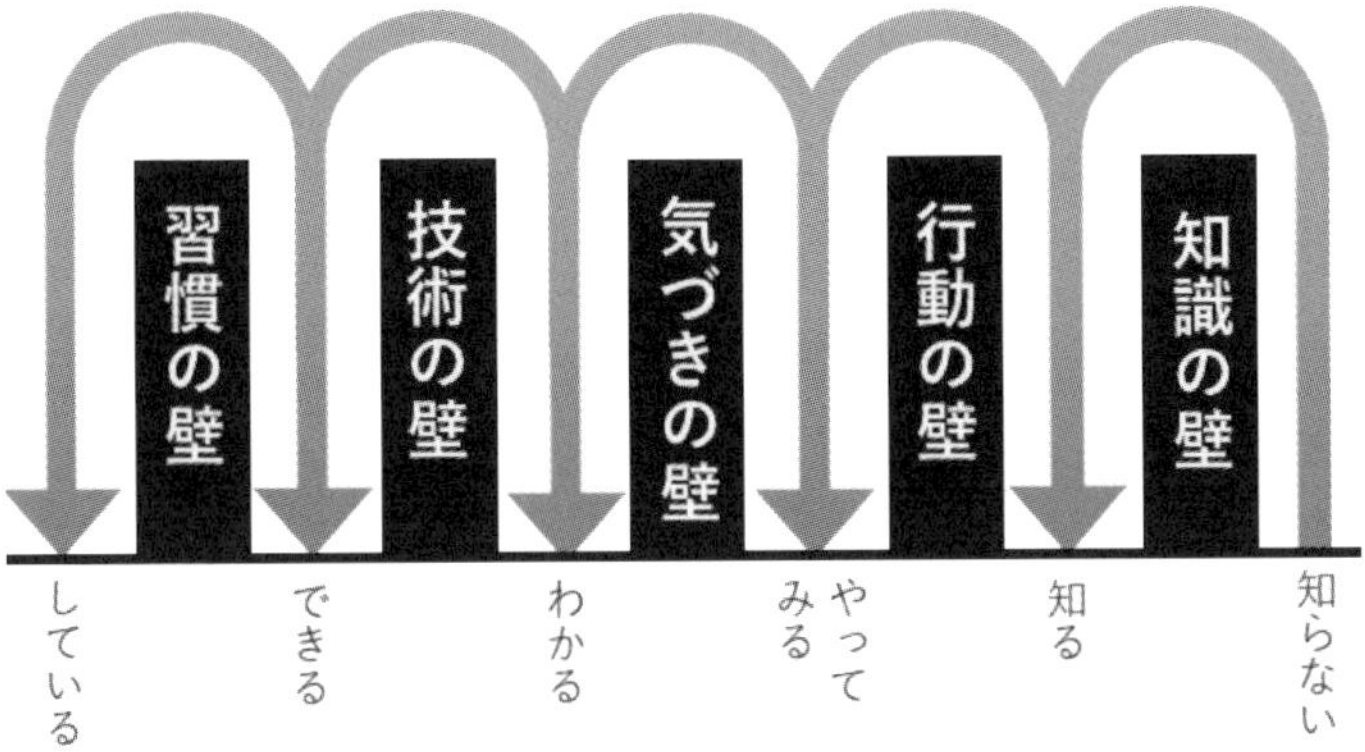

人がホームページを開設し、SEO対策をし、SNSを連携させるといったことをしていくと、すべてが外国語かと思うほどわかりません。

でも、1つずつ理解をしていけば、わかるようになっていきます。

また、交流会などで様々な人に会うことで、知らなかった情報がもたらされることも少なくありません。その場合、自分が普通に生きていたら巡り合わないような情報が得られたりもしますので、たくさんの人と会うというのは重要です。

ただし、インターネットにせよ、人に会うにせよ、たくさんの情報の中からの選択がとても大切です。インターネットの情報は玉石混淆《ぎょくせきこんこう》ですから、中には不確かな情報もありますし、巧に情報商材などに導かれて大金を支払うことになる危険もあります。インターネットで情報を得る場合には、先にも言ったように公的な情報などオフィシャルなものを優先的に当たるようにする、もしくは名前を出している人の情報を利用するようにしましょう。

もう1つインターネットでの調べもので注意したいのは「最新情報かどうか」です。いつ更新された情報なのかを調べ、古そうならほかの情報にも当たってみるようにしましょう。

人の情報については、その人の実績や信頼度を当てはめてみましょう。なぜ信頼度も必要なのかと言うと、実績は「本人申告」である場合が多いからです。交流会などで会った人がいくつもの会社を運営しているとか、大きな事業をしているといっても、実は火の車であっても、そこまではわかりません。

では何を信じるかといえば、直観です。「この人、何か怪しいな」と根拠なく思ったとしても、実はあなたの脳では猛スピードで様々な情報を分析した、その結果として「怪しい」という答えを導き出しているのです。

話し方、服装、表情、装飾品などなど。ですから、直観は大切にしてください。

「知る」を「やってみる」に変える【行動の壁】

まず最初にやってくる大きな壁が、行動の壁です。

せっかく「どうやるのか」「やったらどうなるのか」を知識として得たのに、行動に移せないまま頭でっかちになっていませんか？　「もっと調べてみてから」「もっとうまくできる方法はないか」などと探っていると、いつまでも行動に移せません。

繰り返しになりますが、失敗でさえ成功のステップでしかありません。しかし、行動に移さないかぎりは何も起きませんから、何もしないことが一番の失敗と言えるでしょう。

もっとうまくやる方法などありません。あるとしても行動してみないとそれがわかりません。不器用な1歩でも、歩き出せば自然と次の1歩が出ますから、まずはやってみましょう。

「やってみる」を「わかる」に変える【気づきの壁】

やってみると、思っていたのとは違うことがたくさんあります。それが「わかった」という状態。知っているとは全然違うことに気づくでしょう。

行動をしてみたら、よかった点、改善すべき点など、気づいたことを洗い出してみましょう。覚えていられそうなことも、意外と忘れてしまうものなので、しっかり書き留めておきましょう。行動したばかりの新鮮な気持ちですぐに書いておくことが大切です。

失敗をしてもそこから気づきがあればよいので、うまくいかなかった理由をしっかり受け止めることです。自分自身にも言い訳をして、それが見つけられない人もいますが、それではいつまでもうまくいきません。

「わかる」を「できる」に変える【技術の壁】

行動をしてみるとはじめて、自分に足りないことも見えてきます。たくさんのクライアントと接することで、技術が足りない、技術の幅が足りないと具体的に感じるでしょう。そこではじめて補足するためのセラピーが必要なのか、ステップアップが必要なのか、経験が必要なのか、自分なりに技術の壁を越えましょう。

クライアントと接する前、もしくはあまり経験も積む前から、あれも必要かも、これも必要かもとやみくもに取り続けた、いわゆるペーパー資格はあまり役に立たないことが多いです。経験から気づきを得て、次に進むようにしてください。

「できる」を「している」に変える【習慣の壁】

せっかく技術を得ても、3日坊主では意味がありません。日々、続けていくこと。それが最も大切です。

何かを習慣にするには、100日休まずに行えばできると言われています。100日カレンダーをつくってできた日はシールを貼るなど、モチベーションを高める工夫をして取り組んでみましょう。

事業をしていると、日々、たくさんのやることを追われる割に、なかなか収益が上がらなかったりして「今日1日、自分は何をしていたのだろうか」と気持ちばかりが焦ることがあります。そんなときに、このような自分がやったことを可視化できる仕組みはモチベーションを維持する上でも役立ちます。

できない日が続いたりすると、自暴自棄になってそのまま止めてしまうことがよくあります。しかし、そこで気持ちをリセットして、再度進めれば大丈夫です。

ビクトリア大学で行われた研究でも、週に4回以上続けていると習慣化されやすいということがわかっています。

始めてから6週間後ぐらいにそれぐらいのペースを保っていられれば、習慣化できる可能性が大きいそうです。

まずは6週間、歯をくいしばって頑張ってみましょう。

新しく始めることが習慣になるのを阻んでいるのも、やはり習慣です。やらなければいけないことがあっても後回しにしてしまう習慣、特に見たくはないけれども何となくテレビを見てしまう習慣。

それらが長く続けてきたことならなおさら、その習慣を排除して新しい習慣を取り入れるのは簡単ではないでしょう。

しかし、その習慣を続けていたら、何も変わりません。

思いは言葉を変え、言葉は行動を変え、行動は習慣を変えます。そしてさらに、習慣は性格を変え、性格は運命を変えるとも。

あなたは運命を変えるために頑張っているのです。そのための努力であれば、価値があると思いませんか？

4　まずはうまくいっている人を徹底的に真似る

ただ真似るのではなく、徹底的に真似る

何かを始めるときは、うまくいっている人を徹底的に真似するというのが一番の近道です。まだ身につかない段階で、自分なりのアレンジなどは入れてはいけません。

たとえば料理で考えてみましょう。最初は母親など身近な人に教えられたとおり、もしくは料理本やインターネットのレシピ通りにつくります。そうやっていくつもの料理をつくるようになり、素材ごとの加熱時間や調味料の割合などをつかんでいくと、自分でレシピが考えられるようになっていきます。

しかし、料理の基本もわからないままにアレンジしてしまうと、ほとんどの場合とんでもないものができあがります。

少しできるようになると、どうしても自分流を取り入れてみたくなりますが、そこはグッとがまん。アレンジを加えようとするよりも、徹底的に観察することに力を入れてください。ほかの人が気づかない細かいところまで観察するのです。

身近に真似るべき人がいなければ、有名人などでもかまいません。著書やブログ、インタビュー記事などで情報を集めて真似ましょう。形からでもかまいません。ファッションや化粧、表情、言

葉使いなどから入るのもよいでしょう。
　そうやって徹底的に真似ていくと、何かが起こったときに「あの人ならこうするだろう」と考え方や判断基準なども似てきます。実は、これが大切なポイントです。

いかにマインドセットを切り替えるか

　大きな目標を達成するために大切なのは、成功者のマインドセットに切り替えることです。マインドセットというのは思考の習慣・くせのようなものです。成功しやすい人、成功しにくい人では、マインドセットに大きな違いがあります。

【図表16　成功しやすい人と成功しにくい人のマインドセット】

成功しやすい人のマインドセット	成功しにくい人のマインドセット
・失敗しても学びがあればよいと思っている	・周囲の目や評価をとても気にする
・粘り強く、できるまでやる	・失敗すると落ち込んでなかなか立ち直れない
・努力を惜しまない	・周りからすごい人だと思われたい
・他人からの評価を気にしない	・すにマウントを取ろうとする

これまでに紹介してきたことを実践していくと、マインドセットも書き換えられていくはずなのですが、マインドセットは長年の思考のくせなので、なかなか簡単には変わりません。そこで有効なのが誰かを真似するということなのです。

成功している身近な誰か、憧れる著名人などをよく知り、真似することでそのイメージは繰り返し脳に送られます。何度も何度も「粘り強く、できるまでやる」といったことを言葉で送り込まれるよりも、具体的なそのイメージをインプットされるほうが脳は変わりやすいのです。

5　迷えるときに頼れるメンターを見つける

メンターの存在が人生を変える

迷ったとき、不安になったとき、相談できるメンターはとても重要です。

メンターの語源は古代ギリシアの長編叙事詩「オデュッセイア」に出てくる賢者メントールであり、助言者・指導者的存在のことを言います。逆にメンターに助言をもらう弟子的立場の人のことをメンティーと言います。

メンターは上司や雇い主ではありませんから、具体的に「ああしてみたら、こうしてみたら」というような指示をするわけではありません。悩みに対してどのようなマインドで対処すべきなのか、見落としていることはないかなど、「気づき」を与えながら自分で答えを出せるように導くのが基本です。

先の項で憧れる人をよく知り、真似をすることで繰り返し脳にインプットしましょうとお話ししましたが、その人がメンターになってくれるのが理想的です。面識もないような著名人がメンターになってくれるのだろうかと思うかもしれませんが、可能性は十分にあります。なぜなら成功者ほど頑張っている人を応援したいと思うからです。

できればその人の講演会やその後の親睦会などに参加するなどして、実際に会うとかメールなどでコンタクトしてみるなど、交流できる方法を探ってみましょう。

とはいえ、あなた自身が本気でなければ、見向いてももらえません。どんなに取り繕っても、成功している人からは、あなたが本気なのか一時的なやる気なのかは見抜かれてしまうのです。逆に言えば、本気だということが伝われば、何の利害関係もない面識もないあなたのメンターになってくれる可能性があるのです。

「そうは言っても、たくさんの人が頼んでいるだろうし」「相手にされないかもしれない」そんな風に考えた人は確かにお願いしないほうがよいでしょう。

まだまだ本気ではありません。

メンターになってほしいと頼まなければ可能性は０です。

でも、頼んでみたら１％でも可能性ができます。失うものはありません。躊躇《ちゅうちょ》する理由はどこにもありません。

一番重要なのは人間として好きであること

もちろんメンターは大物でなければいけないということはありません。もっと身近な人でもかまいませんが、事業で成功したいならば、その道で成功している人であるということは重要です。

また、最も大切なことは人間として好きか、尊敬できるかということです。いくら事業で成功していて、自分の事業にとってもプラスになりそうな人でも、少しでもこの人に近づきたいと思える人でなければ、素直にすべてを受け入れようとは思えないからです。

そう考えていくと、メンターになってほしいと思える人はそれほど多くありません。だからこそ、「この人はすごい、素晴らしい」と思ったら、メンターになってもらうためにできるだけの努力をする価値があることがおわかりいただけるでしょう。

ここでもう1つ重要なことがあります。それは、あなた自身も誰かのメンターになってほしいということです。支援というのは一方通行で終わりではなく、輪のように巡っています。

あなた自身が誰かの応援・支援をするというあり方を持ち、支援の輪に入ることがあなたの周りにより多くのメンターをつくることにつながります。セラピストはいつもお客さまのメンター的存在です。

そのマインドを忘れず、本気で取り組んでいるあなたに、人は支援の手を差し伸べたくなるのです。

6　一緒に夢に向かえる仲間を探す

悩みは相談する相手を選ばないと道を誤る

メンターがいたとしても、普段の小さな悩みを1つひとつ相談するわけにはいきません。

自分で事業を行ってない人はオーナーマインドではないため、相談しても逆効果になることがあります。サラリーをもらって働いている人にとって、頑張っても、頑張っても黒字にならない状態などあり得ない状況だからです。「そんなに頑張ってもお金にならないのなら、ほかの道を探したら？」「サロンに就職したほうが安定するよ」など、見当違いなアドバイスが返ってくるかもしれません。

もちろん自分自身がしっかりと、「頑張れば必ずブレイクスルーする」のだとわかっていればよいのですが、得てして自分も「本当に続けていればうまくいくのだろうか」と心が揺れていたりするので、そのまま気持ちが浮上できなくなります。

本気の人は具体的な解決策を探すためにしか人には相談しませんが、やる気の人が人に相談するときは落ち込んだ気持ちをどうにかしたいときです。ですから、下手に慰めてくれる人には相談してはいけません。

では、どんな人に相談すればよいのでしょうか。それは同じように夢に向かっている仲間です。

仲間が頑張っている話を聞くだけで、自分も頑張らなければと思うからです。小さな悩みなど大したことはない、どうにかして前へ進もうと思えるはずです。

そのような仲間には講習会や勉強会、交流会などで出会うことができますが、インターネット上での交流でもかまいません。セラピストではなくても、何かに向かって頑張っている人であれば、お互いを刺激し合うことができるでしょう。

大切なのは話をした後に「よし、頑張るぞ！」と思えることです。わくわくを共有できる相手を探しましょう。

7 うまくいっているときもそうでないときも感謝する

感謝は究極にポジティブな感情

成功するために大切なのは、感謝することです。というと「知っている」と言う人がいますが、では「感謝することを続けていますか？」と聞くと、黙ってしまう人も少なくありません。

これが先にも話したように、５つの壁にぶつかっている例です。

何かをしてもらったときに、感謝をするのは当たり前のことです。しかし、大切なのは毎日、必ず感謝の気持ちを持つということです。格別、誰にも何もしてもらっていないと思うかもしれませんが、誰の力も借りずに生きられる日はありません。

もし、１人でもお客さまが来てくれたのなら、素晴らしい1日です。そうでなくても誰かがアドバイスをしてくれた、応援してくれたことでも、この上もなくありがたいことです。

さらにあなたやあなたの大切な人が1日を無事に過ごすことができたことも、感謝に値することです。

感謝をすると、自分がどれだけ満たされているのかということがわかります。あなたが当たり前だと思っているものを当たり前には持っていない人も、世の中にはたくさんいるということに改めて気づくでしょう。そうすると、不満や不安といったネガティブな思いは不思議と消えていくものです。

日本は豊かで物があふれています。日常にある当たり前だったことに小さな幸せや感謝を、今回の新型コロナ感染拡大による様々な出来事が教えてくれたことは間違いありません。

当たり前のことなど、何ひとつないのです。

あるのはすべてが感謝でしかありません。

いつもポジティブな気持ちを持とうと心がけてみても、不満や不安が頭をもたげてしまえば、それをなかったことにするのは簡単ではありません。しかし、究極にポジティブな感情である感謝だけは、ネガティブな気持ちになりかけているときでも、心を豊かさで満たしてくれるのです。

見返りを求めて感謝をするわけではありませんが、感謝する気持ちはそのまま自分に返ってくるのです。

毎朝、起きたらその日起こることに感謝をして、眠る前にはすべてのことに感謝をする。

簡単そうに思えるかもしれませんが、これも習慣の壁があって、うっかり忘れてしまいうやむやになりがちです。まずは6週間。欠かさず行ってください。それができたら100日目まで。絶対にやり遂げてください。きっと何かが大きく変わるはずです。

ありがとうの言葉は何よりの心のサプリメント

誰かにメールを書くとき、話すときにも「ありがとう」という気持ちを持つことが大切です。心で思っていることは、必ず相手に伝わります。

もちろん何かをしてもらったら、きちんと言葉に出して「ありがとう」と伝えることも重要です。ありがとうと言われて嬉しくない人はいません。喜んでありがとうと言ってもらったことで、また何かしてあげたいと思うのは当たり前のことでしょう。

また、口に出した言葉はそのまま自分の脳にも届きますから、ありがとうという言葉を口にすると自分が言われたように脳は嬉しくなるのです。

荷物を届けてもらったとき、買い物をしたとき、外食をしたとき。毎日の生活の中で「ありがとう」と言う機会はいくらでもあります。ありがとうと言える機会があることにありがとう。たくさんのありがとうとともに毎日を過ごしていきましょう。

あなたが発する言葉が、すべての行動と思考を生んでいます。その言葉を感謝の言葉へとスイッチしていきましょう。必ずその気持ちがすべてを好転させていきます。

セラピストとして、あなたができることはまだまだたくさんあるのです。今までの自分のままでは人生も仕事も今以上にはよくなりません。今のままで充分ならば、それはそれであなたの選択が間違っているとは思いません。

もしも、あなたが今以上に「人生を豊かにしたい！」「もっと誰かのお役に立ちたい！」「もっとやりがいや生きがいを持ちたい！」そう思っているなら、本書がきっとお役に立てると思っています。

あなたの一歩を踏み出す勇気が誰かの背中を押す力になり、やがてその思いが多くの人に届く日が必ずやってきます。

どうぞ、諦めずに平常心でコツコツとやり続けてください。

あなたがセラピストを目指したその想いを忘れないでください。

あなたと、あなたのセラピーを探しているお客さまのために。

おわりに

「思いやりの連鎖が社会を変える！」

本書の中でお伝えしたセラピストマインド®（思いやり精神）が、セラピストを通して多くの人に認知されるようになれば、「もっと社会はよくなる！」と本気で思っています。

これまで私は多くの精神的に辛い局面に出会いました。自分や自分が大切な人に起こった様々な出来事。たとえば事故や病気、鬱や自殺未遂……。

事故は防ぎようのないものですが、病気や欝や自殺は早くに本人や家族、周りの人が気づけたら結果は変わっていただろう、そう感じています。もっと早くにカラダのケアをする場所があれば、もっと早くに相談する人が身近にいたら、もっと自分のことを大切にできたら。そんな場所を提供し寄り添っているのがセラピストだと思っています。

人を想う優しさと思いやり、そして誰かのお役に立ちたいと志した想いを貫いてほしい。どんな環境や状況であろうとも、諦めずに事業を続けてほしい。だからこそ、想いだけでは上手くいかないことを知ってほしいのです。

せっかくやりがいを持って取った資格。一大決心をして手にしたサロン。その場所を、その仕事をしっかりと必要とするお客さまに届けてほしい。迷い、悩み、苦しんでいる人に、もっと自分らしくありたいと頑張る人に寄り添えるセラピストであってほしい。本書はそんな想いで出版しました。

はじめにも書いたように、新型コロナ感染拡大の影響は経済だけではありません。不安やストレスを抱える人は老若男女、年齢問わず存在します。心も体も助けを求めている人がたくさんいるのです。

そんな状況の中、あなたにはセラピストとしてできることがあります。その技術や技法が人のお役に立てるのです。今すぐ行動に移してください。伝える術ややり方は無数に存在します。本書に記したものはほんの一部です。

今や、ＳＮＳやホームページは無料で作成ができ、お客さまに知ってもらうチャンスが世の中にはたくさん存在します。あなたのビジネスにマッチしたやり方を見つけ実践してください。

簡単なことから手をつけるより、重要なことにまずは手をつけてください。あなたの想いや志を示す理念をつくり、どこへ向かうのか指針を示す航海地図をつくってください。地図があれば、迷ったとしても遠回りをしたとしても、舵を取り直し必ず目指す場所へ向かえます。

そして、どこに向かっているのかがわかれば、あなたのスタッフや生徒さんも迷いません。航海地図とは事業計画です。

難しいと思わず、あなたが目指したい理由、目的、誰を幸せにしたいのか。どんな未来を社会を望んでいるのか。一度、棚卸《たなおろし》をしてください。諦めない理由をつくることが事業を継続するには大きな布石になるのは間違いありません。

私にできたことはあなたにも絶対にできる

よく、生徒さんから「幸代先生だからできたんです。私には無理です」と言われることがあります。しかし、それは大きな間違いです。私でもできたのですから、誰にでもできるのです。

私は結婚・出産を機に、銀行員を辞めて長年にわたって専業主婦をしてきました。その間にビジネスの勉強をしたということもありませんし、仕事を依頼されパートタイムのように短期間にいくつかのビジネスに携わったことはありますが、専業主婦が主体でした。

子どもの成長とともに手がかからなくなったことでカラーセラピーの資格を取った、ごく普通のセラピストです。それがなぜ協会をつくり、本を出版したり、講演会を行ったりするようになったかと言えば、ただ、セラピストを仕事として確立したい「想い」に突き動かされたにすぎません。

何から始めればよいのかまったくわからず、手当たり次第に様々な勉強会、講習会に参加しました。懇親会や交流会に参加して、たくさんの人に話を聞かせていただきました。ときには私が前のめりすぎて迷惑に思っている人もいたかもしれませんが、そんなことに気づくほどの余裕もなく、ひたすら前に進みました。

そして気づいたらたくさんの応援団ができていて、私にできないことをやってくれたり、元気がないときには励ましてくれたり、1人ではない状況ができました。頑張る人には必ず人がついてきます。ですから、みなさんも辛くても、今はグングン前に進んでください。大丈夫、あなたならきっとできます。

今回、本書を出版するにあたり、メンターとなる存在がいたことは大きな力になりました。これまで、協会の事業基盤を築き私を大きく成長させてくれたメンターがいます。協会ビジネスのノウハウを教えていただいた前田出先生。ビジネスに大切なマーケティングの理論を教えてくださった理央周さん。メンタリング人材育成法を通して人のあり方を教えてくださった伊藤直樹先生。そして出版に関して素人の私と協会をずっとサポートしてくれた鷲頭文子さん。協会を支え続けてくれる理事の石川明先生、協会を支えてくれるスタッフ、協会メンバー。この場をお借りして深く感謝申し上げます。

本書が多くのセラピストの手助けになることを願ってやみません。

2020年6月吉日

一般社団法人　日本プロセラピスト協会（JPTA）

鈴木　幸代

著者略歴

鈴木　幸代（すずき　さちよ）

一般社団法人 日本プロセラピスト協会（JPTA）代表理事
一般社団法人 日本クラブメンター協会 理事
2008 年、「アマランス Color &Total Beauty School 」を開業。セラピストとしての知識やスキルだけではなく、「人間力向上」をテーマに人財育成にも取り組む。公的機関や一部上場企業や銀行、大手広告代理店やボディーセラピーサロンスタッフなど企業研修として、ビジネスマナーやコミュニケーション力向上も指導。これまでのべ 1 万名に向け、セラピーと講演・コンサルを行う。
2013 年、セラピストの自立・自律・自活を目指すセラピスト専門のビジネススクール、一般社団法人 日本プロセラピスト協会を設立。セラピスト業界を担う後進を育成しつつ、さらに活躍の幅を広げるため、日本初となる「メンタリングマナー ®」人財育成メソッドを考案。人の思いに寄り添い、価値と感動を与える企業人財の育成にも力を注いでいる。
現在、沖縄県においても企業・セラピストの両面から人材育成の取組みを 2015 年よりスタート、組織活性化に重要な仕組みづくりとマインドづくりのサポートをしている。コミュニケーションスキル、ビジネスマナー、キャリアアップ人財育成、リーダーシップトレーニング、人財マネジメント研修の他にコンテンツ作成を得意分野としている。
JPTA 公式サイト：http://www.protherapist.or.jp
メンタリングマナー公式サイト：http://www.mentoring-manner.com

成功する「セラピスト」ビジネスの教科書

2020 年 7 月 1 日 初版発行　2023 年 9 月 6 日 第 3 刷発行

著　者　鈴木　幸代　　© Sachiyo Suzuki
発行人　森　　忠順
発行所　株式会社 セルバ出版
〒 113-0034
東京都文京区湯島 1 丁目 12 番 6 号 高関ビル 5 B
☎ 03（5812）1178　　FAX 03（5812）1188
https://seluba.co.jp/
発　売　株式会社 三省堂書店／創英社
〒 101-0051
東京都千代田区神田神保町 1 丁目 1 番地
☎ 03（3291）2295　　FAX 03（3292）7687

印刷・製本　株式会社丸井工文社

Printed in JAPAN
ISBN978-4-86367-591-9